Annette G. Krupka

Verlassen

9 Fall um Katherina „Kate" Schulz

AF284937

Impressum

© 2021 Annette Gisela Krupka
Herstellung und Verlag: BoD – Books on Demand,
Norderstedt
ISBN 9783753424620

Das Buch

Die sechsundfünfzigjährige Beraterin Sylvia Weck verschwindet plötzlich. Allerdings sieht es für die Polizei so aus, als sei sie freiwillig untergetaucht, was ihr Mann Berny vehement bestreitet. Er wendet sich an Schulz Security und Kate geht einigen Spuren nach, die aber auch sie nicht weiterbringen. Durch einen anonymen Hinweis wird Frau Weck in einem verlassenen Haus aufgefunden, in einem kritischen körperlichen Zustand. Nur ein paar alte Babyflaschen mit Flüssigkeit haben sie am Leben erhalten. Sie kann sich nur an wenig erinnern und spricht immer von einem Clown.

Da verschwindet wieder eine Frau und Hauptkommissar Mike Köhler stößt, mit Hilfe von Kate, auf ein Detail aus der Vergangenheit der Frauen, das plötzlich den Fall in einem ganz anderen Licht erscheinen lässt.

Kapitel 1

Er saß in seinem Bett und hatte die alte, traurig schauende Clownspuppe mit den verblassenden Farben fest im Arm. „Dich gebe ich nie her, Clownie, nie", murmelte er und drückte sie fest an sich.
Aber ihn selbst, ihn würde niemand mehr abholen.
Er und Clownie, sie waren auf sich allein gestellt.
Die Schwestern hier, sie waren streng. Gestern erst hatte eine geschimpft mit ihm und ihn einen Dreckfink genannt, weil er ein Schokoladenbrot unter dem Kopfkissen versteckt hatte.
„Wegen dir muss ich jetzt alles sauber machen", hatte sie vorwurfsvoll gesagt und ihn mit böser Miene angesehen. Aber er wollte sich doch nur etwas verstecken, weil er Angst hatte, wieder nichts zu essen zu haben. Wenn er daran dachte, tat ihm wieder der Magen so doll weh. Dann war sein Bett auch früh manchmal nass.
Er schämte sich dafür, besonders wenn die Schwestern es vor den anderen sagten.
„Bettpisser", hatte einer der größeren Jungs gerufen und die anderen lachten brüllend und zeigten mit Fingern auf ihn, aber die Schwester, Erika hieß sie, tat, als ob sie es nicht hörte. Er sah aus dem Augenwinkel, wie sie sogar ein klein wenig lächelte.
Dann steckte sie ein Haar unter ihre Haube und sagte: „Jetzt aber schnell zum Frühstück. Ich muss das ja hier erst sauber machen."
Dabei schaute sie ihn ganz vorwurfsvoll an.

6

Aber er hatte es doch nicht gern gemacht.

Wieder drückte er den Clown fest an sich und spürte, wie ihm Tränen in die Augen traten.

„Bist du traurig?"

Eine junge Schwester, die Einzige hier, die so jung war, war zu ihm getreten und er schrak auf. Scheu sah er sie an und wischte sich hastig über die Augen. Schüchtern schüttelte er den Kopf. Sie war jetzt nah bei ihm und legte ihm ganz zart ihre Hand auf die schmale Schulter. Er würde sich gern fest an sie kuscheln, aber das traute er sich natürlich nicht.

Er wusste, sie war die einzige freundliche Schwester hier, noch nie hatte sie mit ihm geschimpft.

Zwei Mal hatte sie morgens sein Bett abgezogen als es nass war und einfach so getan, als sei nichts passiert. Und manchmal steckte sie ihm etwas Süßes zu oder eine Banane und verriet ihn auch nicht, wenn er es versteckte.

„Darf ich dich drücken?", hörte er sich leise fragen und erschrak im gleichen Moment und zuckte zusammen. Am liebsten hätte er sich so klein gemacht wie seine Clownspuppe.

Aber die junge Schwester lächelte ihn an und nahm ihn fest in die Arme. Er spürte, wie sein Herz ganz heftig gegen die Brust schlug, aber dann entspannte er sich. Nach einer Weile spürte er etwas Nasses an seinem Gesicht und als die Schwester ihn losließ, sah er, dass große Tränen über ihr Gesicht liefen.

„Holt dich auch niemand mehr ab?", fragte er erstaunt, aber sie schüttelte nur stumm den Kopf.

Kapitel 2

Kate sah sich in der Kaffeerösterei um und seufzte auf. Daniel warf ihr einen kurzen Blick zu.

„Was ist denn?", fragte er und packte einen neuen Karton zusammen.

„Um mich herum ist ein einziges Chaos ausgebrochen. Du ziehst hier aus und bei mir im Haus sieht es aus, als soll das Haus abgerissen und nicht nur das Dachgeschoss ausgebaut werden."

Daniel stellte den Karton neben den Tresen und setzte sich zu ihr.

„Es sind ja nur ein paar Tage. Dann eröffnen wir neu in der Neundorferstraße."

Kate ließ sich zurückfallen und nahm ihren Cappuccino.

„Toll, und was hilft mir das?", knurrte sie und Daniel lachte.

„Zieh doch auch um. Vielleicht in die Nähe?"

Kate schüttelte den Kopf.

„Die Räume hier sind ideal für mich."

Er winkte ab. „Es gibt auch andere ideale Räume. Soll ich mich einmal umhören?"

Kate trank ihren letzten Schluck aus und erhob sich. An der Tür sah sie noch einmal zu Daniel hin.

„Also gut, hör dich mal um. Ich wollte eh neu renovieren, also…"

Sie schluckte das Ende des Satzes hinunter und ging hinaus.

Im Treppenhaus traf sie auf einen Mann im mittleren Alter, der suchend nach oben sah.

„Kann ich ihnen helfen?", fragte sie und er nickte scheinbar erleichtert.

„Ich suche das Büro von Schulz Security."

Er hatte eine angenehm warme Stimme, ohne den ortsüblichen Dialekt.

„Da nehme ich sie gleich mit. Katherina Schulz, ich bin die Inhaberin."

„Berny Weck", stellte er sich vor und ergriff lächelnd ihre Hand. Kate sah, dass das Lächeln nicht seine Augen erreichte, die sorgenvoll aussahen.

Oben angekommen, schaute Kate auf den leeren Platz, der, seit Romy Sommers Tod, noch immer verwaist war. Annalena „Abby" Heimat, ihre frühere Bürokraft, studierte jetzt Psychologie und half, so gut sie konnte, in den Semesterferien und manchmal am Wochenende aus. Aber Kate war klar, sie musste die Stelle dringend wiederbesetzen, obwohl das nicht so einfach war. Nach Abbys Weggang hatte sie erst eine junge Frau, die sich als absolut ungeeignet erwies, eingestellt und Romy Sommer war dann auf Abbys Anraten zu ihr gekommen, was sich als absoluter Glücksgriff erwies. Der Mord an ihr hatte sie alle hier tief erschüttert. Bisher waren zwar einige Bewerbungen eingegangen, aber Kate war der Meinung, dass keine der Bewerberinnen zu ihnen passte. Vielleicht auch, weil sie es einfach mental noch nicht fertiggebracht hatte, jemand anderen einzustellen.

„Kate?", rief es aus einem der Büros und kurz darauf

erschien Jasmin Weidner- Amri, ihre stellvertretende Geschäftsführerin, in der Diele.

Kate stellte sie dem Mann vor und zu dritt gingen sie in Kates Büro.

Seit ihrer Entführung und der Tatsache, dass sie diese fast mit ihrem Leben bezahlt hatte, empfing Kate neue, unbekannte Kunden generell nicht mehr allein. Heute hatte sie gewusst, dass Jasmin im Büro war, die jetzt, notgedrungen, auch die Verwaltungsarbeiten mit übernahm, die sonst Abby und später Romy erledigten.

Auf dem Tisch in Kates Büro standen wie immer Getränke und eine Thermoskanne Kaffee, die sie morgens von Daniel befüllen ließ. Sie bot dem Mann an, sich zu bedienen, was er mit einem höflichen Lächeln ablehnte.

„Was können wir für sie tun?", fragte Kate und lehnte sich auf ihrem Stuhl zurück.

Der Mann seufzte etwas, zog sein Smartphone aus der Tasche und legte es vor sich auf den Tisch.

„Meine Frau ist seit knapp einer Woche verschwunden. Ich habe eine Vermisstenanzeige bei der Polizei aufgegeben, aber…" Er atmete tief ein. „Ich war auch dort von Anfang an ehrlich."

Er nahm das Smartphone und tippte kurz darauf herum. *„Berny, hör zu, ich brauche eine Auszeit, sorry."* Es war die Stimme einer Frau.

Kate sah ihn mit hochgezogenen Augenbrauen an.

„Ist das die Stimme ihrer Frau?"

Berny Weck nickte. „Ja, aber sie klingt verändert,

schläfrig. Das ist nicht ihre normale Stimme."

Kate wechselte einen Blick mit Jasmin.

„Aber es ist ihre Frau?", fragte jetzt auch diese.

„Ja."

Kate verstand, warum die Polizei hier keinen Handlungsbedarf sah. Eine erwachsene Frau konnte sich eine Auszeit nehmen, wann und wo und von wem sie wollte. Trotzdem schien der Mann vor ihr sehr besorgt zu sein.

„Ist das die einzige Nachricht von ihr?"

Er nickte.

„Kontobewegungen?"

Wieder nickte er.

„Wir haben gegenseitig Zugang zu unseren Konten. Sie hat einige Dinge mit EC -Karte bezahlt. Nur kleine Beträge."

Jetzt beugte sich auch Jasmin etwas nach vorn.

„Vielleicht eine Pension, ein Hotel?"

Er schüttelte den Kopf. „Wenn, dann hätte sie das mit Kreditkarte bezahlt, aber da ist auch nichts abgebucht."

Kate sah ihn eine Weile schweigend an, dann lehnte sie sich nach vorn.

„Erzählen sie uns etwas über ihre Frau, Herr Weck."

Dieser schien erleichtert. Scheinbar hatte er erwartet, dass Kate, ähnlich wie die Polizei, ablehnen würde, irgendetwas zu unternehmen.

„Wir wohnen erst seit zwei Jahren hier bei Plauen, also jetzt, meine ich. Meine Frau ist von hier. Wir haben uns 1989, kurz vor der Wende, kennengelernt.

Ich war bei Verwandten in Jößnitz und abends hier in Plauen im Casino, das war so eine Art Nachtbar. Dort haben wir uns kennengelernt. Sylvia war damals Physiotherapeutin im Krankenhaus. Ich glaube, es war wirklich Liebe auf den ersten Blick. Wir haben uns geschrieben und telefoniert und ich war drauf und dran einen Fluchthelfer zu engagieren, da kam die Wende und am 10. November 1989 stand Sylvia bei mir in Mannheim vor der Tür, mit einem Koffer und ihren Papieren."

Er schüttelte etwas versonnen den Kopf.

„Das war schon eine verrückte Zeit damals. Aber ich war sehr, sehr glücklich über diesen Überfall und habe sie nicht mehr gehen lassen. Zwei Monate später haben wir geheiratet und im August 1990 kam unser Sohn Raymond zur Welt."

Kate, die ihn scheinbar nicht zu lange in nostalgischen Erinnerungen schwelgen lassen wollte, unterbrach ihn. „Wie kommen sie jetzt wieder hier her?"

Herr Weck schien den Wink zu verstehen.

„Mein Patenonkel in Jößnitz war verstorben und hatte mir sein Haus vermacht. Sylvia wollte, dass ich es verkaufe. Aber es ist ein echtes Schmuckstück und ich dachte auch ein wenig an unser Alter. Jedenfalls habe ich, zugegeben etwas hinter Sylvias Rücken, mich umgehört und eine Arztpraxis gefunden, die einen neuen Partner suchte, nachdem einer der Partner aus Altersgründen ausscheiden wollte. Da habe ich mich eingekauft und Sylvia faktisch vor vollendete Tatsachen gestellt."

12

Jasmin nahm sich ein Mineralwasser und goss es langsam in ein Glas.

„Sie sind Arzt?", fragte sie interessiert.

Der Angesprochene sah zu ihr hinüber und Kate sah, dass er ihre, zugegeben auffallende, Erscheinung wohlwollend musterte.

„Aha, auch kein Kostverächter", dachte sie für sich und griff auch nach einem Wasser.

„Ich bin Augenarzt", beantwortete Herr Weck Jasmins Frage. „Daher habe ich ihre Augen so fasziniert angestarrt, entschuldigen Sie bitte, falls es aufdringlich erschien. Aber selten habe ich so grüne Augen gesehen."

Jasmin lächelte ihm zu und Kate schluckte.

Da hatte sie wohl doch etwas fehlinterpretiert.

„Sylvia hat sich schnell wieder hier eingelebt. Sie arbeitet als freiberufliche Gesundheitsberaterin für Vorschulkinder."

Kate nickte verstehend. „Und hat sie hier noch Verwandte?"

Der Arzt schüttelte den Kopf.

„Nein, ursprünglich ist sie ja aus Döbeln und hat später hier in Plauen bei ihrer Mutter gewohnt. Die ist aber kurz nach der Wende verstorben. Das Verhältnis war auch nie so eng. Sie wäre gern ausgezogen, aber die Wohnungssituation war zu DDR -Zeiten kompliziert. Wenn ich hier war, konnten wir uns nur bei meinem Patenonkel treffen, der hatte kein Problem damit. Es gab auch noch einen Bruder, aber zu dem hat Sylvia auch keinen Kontakt."

Jasmin schaltete sich wieder in das Gespräch ein.

„Dann haben sie die Verwandten ihrer Frau also nie kennengelernt?"

Herr Weck schüttelte den Kopf.

„Nein, wie ich schon sagte, es war eine turbulente Zeit damals. Und heute, nach all den Jahren..."

Er zuckte die Schultern.

Kate stellte ihr Wasserglas ab und sah den Arzt wieder an.

„Sagen sie, Herr Weck, hatten sie vor ihrem Verschwinden Streit mit ihrer Frau, oder hat sie mehrfach geäußert, sich hier in ihrer neuen Umgebung nicht wohl zu fühlen?"

Er dachte eine Weile nach und schüttelte dann den Kopf. „Wissen sie, mit meiner Frau kann man nicht streiten. Wenn irgendetwas ist, macht sie einfach zu und geht. Punkt. Daran musste ich mich erst gewöhnen, aber es hat seine Vorteile. Keine unschönen Szenen, Tränen, nichts. Meist nutze ich dann die Zeit, um nachzudenken worum es eigentlich ging in unserem Streit und meist war es wirklich nicht so wichtig. Sie kommt zurück und alles ist wieder gut."

Jasmin runzelte die Stirn. „Und wohin geht sie dann?"

„Spazieren, manchmal auch nur in den Garten."

Kate sah ihn an. „Und am Tag ihres Verschwindens?", fragte sie nach.

„Da war nichts, definitiv nichts. Wir haben gemeinsam gefrühstückt und sie hat vor mir das Haus verlassen, weil sie einen Termin in der Kita *Sonnenland*

14

hatte."

„Dort war sie auch?", fragte Kate nach.

Er nickte. „Ja, den ganzen Vormittag. Gegen 11.00 Uhr ist sie, laut Aussage der Leiterin, weggefahren. Seitdem ist sie verschwunden."

Kate überlegte kurz.

„Die Leiterin hat sie also wegfahren sehen?"

„Naja, wegfahren nicht direkt. Sie hat gesagt, sie habe sich von ihr verabschiedet, sie hatten noch den nächsten Termin besprochen und dann hat sie sie zur Tür gebracht. Aber direkt wegfahren, nein."

Kate notierte sich im Kopf sofort, dass sie nochmals mit der Leiterin der Kita sprechen wollte.

„Wann haben sie begonnen sich Sorgen zu machen?"

Herr Weck rutschte in seinem Stuhl etwas nach hinten und atmete tief ein. „Als ich am späten Nachmittag diese Nachricht bekam."

Er deutete auf sein Smartphone.

„Ich war erst einmal wie vor den Kopf geschlagen. Dann habe ich sie noch zwei Mal abgehört und da ist mir aufgefallen, dass Sylvias Stimme seltsam klingt, so getragen, verlangsamt. Da war mir klar, dass sie bei dem Telefonat unter Medikamenten stehen musste."

Kate wechselte mit Jasmin einen kurzen Blick.

„Herr Weck, ist ihre Frau suizidal? Ich meine, hatte sie schon einmal depressive Episoden?"

Er schüttelte, ohne zu überlegen, den Kopf.

„Nein. Sylvia ist die Ausgeglichenere von uns beiden. Stimmungsschwankungen sind ihr fremd. Frau

Schulz, ich glaube, meine Frau wurde betäubt und entführt."

Jasmin schaltete sich wieder ein.

„Haben sie Forderungen erhalten?"

Er schüttelte wieder den Kopf.

„Nein, ich muss sagen, so wohlhabend sind wir auch nicht. Ich habe mich in die Praxis eingekauft und der Hausausbau hat auch einiges gekostet."

Er schien damit andeuten zu wollen, dass eine Erpressung wohl wenig lukrativ war. Ob das allerdings auch ein fiktiver Erpresser wusste? Kate hatte da so ihre Zweifel.

Schließlich nickte sie Jasmin zu.

„Herr Weck, wir nehmen ihren Fall an. Meine stellvertretende Geschäftsführerin wird den Vertrag mit ihnen aufsetzen. Haben sie ein aktuelles Bild ihrer Frau?"

Er ergriff sein Smartphone und Kate nickte.

„Schicken sie es mir gleich."

Kurz darauf sah sie eine sehr attraktive, blonde Frau, die lächelnd an einem Gartentor lehnte. Das also war Sylvia Weck.

Kate ließ ihr iPhone sinken und sah ihn an.

„Gut und ihr Sohn? Hat er etwas von seiner Mutter gehört?"

Der Arzt schüttelte den Kopf.

„Raymond ist zurzeit dienstlich in Kanada. Ich habe ihn angerufen, aber er hat auch nichts von ihr gehört."

Kapitel 3

Die Kindertagesstätte *Sonnenland* war Kates erste An-
laufstelle. Sie lag etwas an der Peripherie Plauens, in
der Nähe eines kleinen Stadtwaldes.

Die Leiterin, Frau Hauschild, war eine Frau mittleren
Alters, die Kate mit einem freundlich- warmherzigen
Lächeln empfing. Sie führte sie durch die hellen Kor-
ridore, in denen es für eine Kita seltsam still war.

Die Leiterin bemerkte wohl Kates aufmerksame Bli-
cke und lächelte etwas.

„Es ist nicht immer so ruhig hier, Gott sei Dank. Aber
bei dem herrlichen Wetter sind die Kinder alle drau-
ßen in dem kleinen Wald, das ist ja für uns hier ideal.
Sie kommen aber gleich zurück, es ist bald Essens-
zeit. Bitte, treten sie ein."

Sie öffnete die Tür zu ihrem Büro und bot ihr einen
Platz an einem kleinen Naturholztisch an, auf dem
ein bunter Strauß an Frühlingsblumen stand.

„Sie sind wegen Frau Weck hier, nicht wahr? Ihr
Mann hat mich angerufen und mir mitgeteilt, dass er
eine Detektei eingeschaltet hat, weil ihn die Polizei
wohl nicht ernst nahm."

Kate wandte sich Frau Hauschild zu.

„Ernst nehmen ist wohl nicht der richtige Ausdruck.
Frau Weck ist eine erwachsene Frau und kann ihren
Aufenthaltsort wählen, wie es ihr gefällt. Außerdem
hat sie ihrem Mann eine Nachricht hinterlassen, in
dem sie ihm mitteilt, dass sie eine Auszeit nehmen
möchte."

Irgendwie hatte sie das Gefühl, die Polizei verteidigen zu müssen. Dann machte sie eine Geste mit der Hand.

„Trotzdem finde ich die Sorge von Herrn Weck durchaus begründet und recherchiere in seinem Auftrag."

Ihr Gegenüber nickte und stellte eine Flasche auf den Tisch.

„Unsere selbstgemachte Kräuterlimonade", sagte sie und sah Kate an, die nickte.

Nachdem sie jedem ein Glas eingeschenkt hatte, fuhr Kate fort.

„Frau Weck hatte am siebzehnten April einen Termin bei ihnen, stimmt das?"

Frau Hauschild nickte und sah auf einen bunt gestalteten Kalender neben ihrem Schreibtisch.

„Ja, 10.00 Uhr. Wir haben einige Termine abgesprochen und es war kurz vor 11.00 Uhr, als Frau Weck sich verabschiedet hat. Ich habe sie noch nach vorn zur Tür gebracht, bin dann aber gleich zurück in mein Büro. Ich weiß noch, dass es so ein diesiger Tag war und Frau Weck ist ganz zügig zu ihrem Auto gelaufen."

Kate nickte. „Aber einsteigen sehen haben sie sie nicht?"

Frau Hauschild schüttelte bedauernd den Kopf.

„Nein. Wie gesagt, ich bin sofort in mein Büro zurück."

Kate nahm einen Schluck von der Kräuterlimonade, die überraschend frisch und aromatisch schmeckte.

Dann sah sie die Leiterin wieder an.

„Ist ihnen an diesem Tag etwas Ungewöhnliches an Frau Weck aufgefallen?"

Diese zuckte leicht die Schultern.

„Nein, sie war wie immer. Wir haben ja auch einen Termin für Ende dieser Woche vereinbart. Ich denke, wenn sie da bereits eine Auszeit geplant hätte, warum hat sie dann diesen Termin gemacht?"

Kate fand diesen Aspekt tatsächlich auch befremdlich. Dann schob sie das Glas von sich und wollte sich bereits erheben, als sie bemerkte, dass Frau Hauschild sie zögernd ansah.

„Wissen sie, ich habe dem eigentlich keine so große Bedeutung zugemessen, aber jetzt…"

Sie erhob sich und kam mit einem Bild zurück.

Es war die Zeichnung eines Kindes und zeigte einen Clown, mit roter Perücke und einer Latzhose.

Auffallend war, dass das Kind dem Clown große Tränen auf die Wangen gemalt hatte, die in keiner Proportion zum Körper standen. Sie waren riesig.

„Das Bild hat Claire gemalt, ein Kind der Sonnenblumengruppe. Es ist nicht das Einzige von ihr, seit einer Woche taucht dieser Clown faktisch in allen Bildern von ihr auf. Immer mit diesen riesigen Tränen. Nun war ja erst Fasching und da dachte ich, Claire hat noch die Bilder von den Kostümen im Kopf. Aber schließlich habe ich sie gefragt. Sie sagte mir, der traurige Clown habe auf Frau Weck gewartet und sei mit ihr weggefahren."

Als sie bemerkte, wie Kate sich aufrecht hinsetzte,

hob sie etwas die Hand.

„Claire ist ein sehr, sehr fantasievolles Kind, daher habe ich der Sache auch nicht so viel Bedeutung beigemessen, allerdings jetzt…"

Sie brach ab.

Kate nahm noch einen Schluck der Limonade.

Dann holte sie tief Luft.

„Ob ich mich mit Claire unterhalten könnte, nur ganz kurz?"

Frau Hauschild dachte einen kleinen Augenblick nach. In diesem Moment war das Lachen und Rufen von Kinderstimmen zu hören. Schließlich nickte die Leiterin.

Claire sah Kate eine Weile schweigend an, dann runzelte sie unter dem dichten, braunen Haarpony die Stirn.

„Bist du Polizistin?", fragte sie und Kate sah zu Frau Hauschild, die mit ihr gemeinsam in dem kleinen Gruppenzimmer saß.

„So etwas ähnliches", antwortete diese für Kate und Claire murmelte leise die Worte nach.

Kate hielt das Clownsbild hoch.

„Das ist richtig toll gemalt, Claire. Aber warum ist der Clown so traurig?"

Claire sah von Kate auf das Bild und wieder zurück.

„Weil er so traurig aussah."

Sie malte mit ihrem Finger Tränen an ihrer Wange nach.

„Der Clown, der mit Frau Weck weggefahren ist?"

Claire stand auf und ging zum Fenster. Kate sah Frau Hauschild an, diese nickte. Dann erhob sich auch Kate und stellte sich neben das Mädchen.

„Da stand er, der Clown", sagte diese nach einer Weile und zeigte auf eine Kastanie, hinter deren Stamm ein Mann sich bequem verstecken konnte.

„Hat er sich versteckt?", fragte Kate und Claire nickte.

„Aber nicht gut genug, du hast ihn ja gesehen", sagte sie und die Kleine sah sie an und lächelte.

„Was hat er dann gemacht?"

Das Mädchen schien wieder angestrengt nachzudenken. „Er ist stehen geblieben. Bis Frau Weck kam."

Kate sagte nichts, bis Claire sie ansah.

21

„Dann ist er in ihr Auto gestiegen. Bist du bei der Polizei oder nicht?"

Kate zögerte eine Weile mit der Antwort, aber noch ehe Frau Hauschild etwas sagen konnte, flüsterte sie Claire zu: „Ich war in Amerika bei der Polizei, jetzt nicht mehr. Aber mein Freund, der ist bei der Polizei."

Das Mädchen sah sie von der Seite an.

„In Amerika? Dann bist du ein Sheriff?"

„Ja", sagte Kate und überlegte sich ihre nächste Frage. Wie sollte sie sie formulieren?

Sie hatte keine Erfahrung in der Befragung von Kindern. Dazu hatten sie immer geschulte Beamte zur Seite gehabt.

„Claire, wie groß war der Clown?"

Das Mädchen sah sie verwirrt an. „Na, groß."

Jetzt erhob sich Frau Hauschild.

„War er so groß wie ich, oder wie Frau Schulz hier oder vielleicht wie Herr Berthold?"

Claire musterte sie beide. Dann zeigte sie auf Frau Hauschild.

„So, aber …" Sie überlegte und sagte nichts.

„War er dünner als ich?", fragte die Leiterin nach und das Mädchen grinste.

„Ja", sagte sie leise und kicherte.

Kate und die Leiterin sahen sich an.

Das war eine wirklich gute Beschreibung.

Frau Hauschild war ungefähr 160 Zentimeter groß und etwas untersetzt.

Wenn der Clown, trotz Latzhose, schlanker gewirkt

hatte als die Leiterin, war er wahrscheinlich eher dünn. Wobei, er oder vielleicht auch sie.

Aber das würde das Mädchen mit Sicherheit nicht sagen können, wenn die Person als Clown geschminkt gewesen war.

Da Kate nichts sagte, sah Claire sie eine Weile an.

„Warum suchst du den Clown? Hat er etwas angestellt?"

Kate schüttelte den Kopf.

„Nein, das glaube ich nicht. Aber ich muss ihn finden und ihn etwas fragen. Du hast mir sehr geholfen, Claire. Danke."

Das Mädchen sah sie an.

„Wenn ich groß bin, gehe ich auch zur Polizei. Kann da dein Freund mir helfen?"

Sie legte den Kopf zur Seite und sah Kate auffordernd an.

Kate nickte langsam.

„Pass auf, Claire. Wenn ich den Clown gefunden habe, komme ich mit meinem Freund her zu dir und du kannst ihn selbst fragen, in Ordnung?"

Das Mädchen nickte begeistert und rannte hinaus.

Frau Hauschild lächelte.

„Das müssen sie jetzt aber einhalten, ihr Versprechen, Frau Schulz. Claire vergisst nicht so schnell etwas."

Kate erwiderte das Lächeln und reichte der Leiterin die Hand.

„Keine Angst, das werde ich."

Kapitel 4

Kate saß in ihrem Büro und überlegte. Was war das nur für eine Sache mit dem Clown?

Wenn das Mädchen wirklich diese Beobachtung gemacht hatte, und irgendwie zweifelte sie nicht daran, dann sah das alles nach einer Entführung aus. Aber warum, in Gottes Namen, verkleidete sich jemand als Clown?

Das war doch viel zu auffällig, besonders mit diesen übergroßen Tränen. Sie hörte das Signal ihres Terminkalenders. *13.00 Uhr- Chris Töpfer* ploppte auf.

Sie erinnerte sich, dass Steven ihr diese Nachricht geschickt hatte. Es war der Vorstellungstermin einer neuen Bürokraft.

Irgendwoher kannte Steven sie, aber ihr ging derzeit so viel durch den Kopf, dass sie gar nicht richtig zugehört hatte. Chris stand bestimmt für Christin oder so etwas.

Sie warf einen Blick zur Uhr, es waren noch einige Minuten bis zu dem Termin. Hoffentlich erwies die Empfehlung von Steven sich als passend.

Seit Romy Sommers Tod war der Empfang unbesetzt, nur Annalena „Abby" Heimat half in den Semesterferien, so oft es ging aus, aber das war langfristig keine Lösung.

Zumal Jasmin den Großteil der Verwaltungsarbeit jetzt übernommen hatte und nicht gerade glücklich damit war.

Wie auf Stichwort hörte Kate ein leises Fluchen aus

Jasmins Büro, als die Türklingel erscholl.

Sie drückte den Knopf und als der Summer ertönte, dachte sie: „Also pünktlich ist sie, das ist schon mal positiv."

Kate erhob sich und ging in den Korridor, wo sie fast mit einem hochgewachsenen, dunkelhäutigen jungen Mann zusammenstieß.

Dieser lächelte sie an. „Chris Töpfer", sagte er und streckte ihr die Hand entgegen.

Erst nach einer Weile wurde es Kate bewusst, wie sie den jungen Mann anstarrte.

Sie ergriff dessen ausgestreckte Hand und musste unwillkürlich lachen. „Entschuldigen sie, aber…"

Sie schüttelte den Kopf und sah eine steile Falte zwischen den Brauen ihres Gegenübers.

„Hat Steven nichts von mir erzählt, ich meine…"

Kate hatte blitzschnell erfasst, dass der junge Mann ihre Reaktion auf seine Hautfarbe bezog. Deshalb unterbrach sie ihn sofort.

„Ich habe gedacht, Chris ist die Abkürzung für Christin. Damit sind sie zugegeben eine Überraschung."

Die Falte löste sich auf.

„Oh. Ich hoffe, das ist kein Problem?"

Kate deutete auf ihr Büro.

„Nein, natürlich nicht. Aber bitte, kommen sie erst einmal herein."

Sie bot ihm an dem kleinen Tisch einen Stuhl und ein Getränk an und setzte sich ihm gegenüber.

Er legte eine Bewerbungsmappe vor sich ab.

„Also hat Steven nichts von mir erzählt?", fragte er

noch einmal nach und Kate zog die Schultern nach oben.

„Das hat er mit Sicherheit. Aber ich will ehrlich sein. Ich habe zurzeit ziemlichen Stress, privat und auch hier und wahrscheinlich gar nicht richtig hingehört. Entschuldigen sie bitte. Aber jetzt sind sie ja hier."

Sie streckte ihre Hand nach der Bewerbungsmappe aus und blätterte sie kurz durch.

„Bürofachangestellter, prima. Und sie studieren BWL, hier an der Berufsakademie?"

Sie hob ihren Blick und ihr Gegenüber nickte zögerlich.

„Ja, zumindest noch bis Ende des Monats. Wenn ich bis dahin keinen neuen Arbeitgeber gefunden habe, muss ich aufhören, obwohl ich kurz vor den Prüfungen stehe."

Kate klappte die Mappe langsam zu und legte sie auf den Tisch zurück.

„Warum haben sie ihr Arbeitsverhältnis bei der RE-VER GmbH gekündigt? Das ist doch, soviel ich weiß, ein solides, mittelständiges Unternehmen."

Der junge Mann, der bisher eher zurückhaltend auf sie gewirkt hatte, sah sie an. In seinen Augen glaubte sie eine tiefe Verletztheit zu sehen.

„Frau Schulz, ich bin homosexuell. Ich habe es lange Zeit in meiner Firma verschwiegen. Das war ein Fehler, wie ich heute weiß. Als es herauskam, war ich nur noch Sticheleien ausgesetzt, feine, gut gesetzte Nadelstiche."

Kate hatte sich in ihrem Stuhl zurückgelehnt, aber sie

spürte einen aufsteigenden Zorn.

„Haben sie nicht ihren Vorgesetzten informiert? Es wäre seine Pflicht gewesen, etwas dagegen zu unternehmen."

Der junge Mann lächelte traurig.

„Erst nicht. Aber als es für mich unerträglich wurde, dann schon."

Jetzt beugte sich Kate nach vorn.

„Und? Was hat er gesagt?"

„Ich solle mich nicht wie ein Mädchen benehmen, wenn ich auch eines wäre."

„Was?" Unwillkürlich war Kate laut geworden.

„Und was haben sie getan?"

Er öffnete seine Hände.

„Ich bin aufgestanden und habe gekündigt. Ich hatte keinen Zeugen und er würde es mit Sicherheit abstreiten."

Kate schwieg eine Weile.

„Haben sie Steven davon erzählt?"

Er schüttelte den Kopf.

„Nein, nicht im Detail. Ich wollte eigentlich mit dem Studium aufhören und nach Berlin gehen. Ein Freund von mir hat dort eine Bar und…"

Als Kate aufstand, sah er etwas erschrocken zu ihr hoch.

„Steven meinte, ich solle es bei ihnen einfach einmal versuchen", sagte er eine Spur leiser.

„Das war eine der besten Ideen, die er seit langem hatte."

Hastig erhob auch er sich. Kate deutete auf seine

Bewerbungsmappe.

„Die ist sehr aussagekräftig. Wann könnten sie anfangen?"

Eine kurze Zeit war Stille in dem Raum, nur das Quietschen der Straßenbahn drang durch das geschlossene Fenster.

Dann holte ihr Gegenüber so tief Luft, dass sie glaubte, sein Brustkorb würde bersten.

„Morgen?", fragte er zögerlich und Kate nickte.

„Gern. Und bringen sie ihre Studienunterlagen mit, das andere regle ich dann mit der Berufsakademie. Natürlich machen sie ihr Studium weiter."

„Ich könnte in meinen Präsenzphasen auch am Wochenende…"

Kate schüttelte den Kopf.

„Darum machen sie sich keine Sorgen. Meine ehemalige Mitarbeiterin studiert jetzt Psychologie und hilft ab und an auch aus. Also, wir finden eine Lösung, keine Angst."

Sie reichte ihm die Hand.

„Willkommen an Bord, Chris. Ich bin Kate."

In diesem Moment stürmte Jasmin herein und blieb in der Zimmermitte stehen.

„Entschuldige, aber diese verdammte Abrechnung…"

Jetzt erst schien sie den jungen Mann zu bemerken und streckte ihm die Hand entgegen.

„Hallo", sagte sie.

„Das ist Chris Töpfer, unser neuer Mitarbeiter", stellte Kate ihn vor.

Jasmin lächelte. „Ach, Security?"

Kates Lächeln wurde breiter.

„Nein, Büro. Chris ist deine Entlastung, auf die du so lange gewartet hast."

Jasmin riss die Hände nach oben.

„Halleluja. Dich schickt wirklich der Himmel. Ich bin Jasmin, Kates Stellvertreterin und derzeit Mädchen für alles."

„Du kannst ihn ja morgen gleich einarbeiten", sagte Kate und Jasmin klopfte Chris auf die Schulter.

„Also dann, bis morgen. Ich freu mich."

Damit war sie zur Tür hinaus.

Chris sah ihr nach, er schien fasziniert von dem rothaarigen Wirbelwind mit den beeindruckend grünen Augen.

„Also, morgen um 9.00 Uhr?"

Chris sah Kate an und nickte.

„Gut", sagte diese und reichte ihm die Hand.

„Ich denke, du wirst dich in unserer bunten Truppe sehr schnell einfinden."

Als der junge Mann mit einem erleichterten Lächeln die Tür hinter sich schloss, hatte Kate das Gefühl, mit ihm einen richtig guten Fang gemacht zu haben.

Als Kate in die Nähe ihres Hauses kam, sah sie gerade ein großes Handwerkerauto aus der Einfahrt fahren. Sie stöhnte leise auf. Mit Sicherheit hatten sie wieder ein Chaos hinterlassen.

Der weiße Fiat Punto, der Frau Anselm gehörte, die drei Mal die Woche ihren Haushalt versorgte, stand halb auf dem Bürgersteig geparkt.

„Hallo, Katherina."

Sie wandte sich um und sah ihre Nachbarin, Frau König, in der Eingangstür stehen und ihr zuwinken.

„Kommen sie doch herein."

Kate zögerte einen Augenblick.

„Ernst hat Kuchen gebacken."

Ernst, das war Herr Winter, der jetzt mit Frau König zusammenlebte und sein Haus, das dem von Kate gegenüber lag, an Omar und Jasmin vermietete.

Vor die Wahl gestellt zwischen dem Chaos in ihrem Haus und dem heimeligen Wohnzimmer von Frau König, war die Entscheidung schnell getroffen.

Sie schlüpfte in das Gartentor und eilte die Stufen hinan. Im Inneren empfing sie eine olfaktorische Explosion von frisch gebackenem Kuchen und gebrühtem Kaffee.

Herr Winter kam aus der Küche und streckte ihr beide Hände entgegen.

„Frau Schulz, schön sie zu sehen."

„Kate", erinnerte sie ihn und er schlug sich leicht vor die Stirn.

„Natürlich, Kate. Kommen sie, kommen sie."

Er deutete auf den gedeckten Tisch direkt vor dem

großen Panoramafenster.

„Das ist allemal besser als in dem Chaos drüben bei ihnen."

Kate nahm zögerlich Platz.

„Ja, da haben sie recht. Aber ich habe ein schlechtes Gewissen Frau Anselm gegenüber."

Frau König, die sich bereits gesetzt hatte, zwinkerte ihr verschwörerisch zu.

„Die hat Ernst vorhin schon versorgt, mit Kaffee und Kuchen und hat auch gleich mit den Handwerkern Tacheles geredet, dass sie den Dreck nicht unbedingt im ganzen Haus verteilen müssen."

Ihr Lebensgefährte stellte gerade einen Teller verschiedener Kuchensorten in die Mitte des Tisches.

„Ja und nachdem sie mir das hoch und heilig versichert hatten, gab es für sie auch Kaffee und Kuchen."

Kate ergriff seine Hand.

„Danke, Herr Winter. Ich sollte mich wirklich mehr darum kümmern, aber bei uns ist so viel los zurzeit."

Der alte Herr nickte.

„Immer noch niemand fürs Büro gefunden?"

Kate lächelte und griff zu einem Stück Apfelkuchen mit Decke.

„Doch, heute hatte ich ein sehr gutes Einstellungsgespräch mit einem jungen Mann. Morgen ist sein erster Tag."

„Na dann. Ist doch Licht am Ende des Tunnels", sagte er und goss Kate Kaffee ein.

„Ja und jetzt brauchte ich nur noch ein bis zwei gute Leute für den Securitybereich."

Herr Winter klopfte ihr leicht auf die Schulter.

„Das wird auch noch, glauben sie es mir."

Dann legte er ihr noch ein Stück Kuchen auf den Teller.

„Bienenstich. Ein Rezept meiner Mutter, den müssen sie probieren", sagte er, Kates Versuch, das Stück Kuchen abzulehnen, abwehrend.

„Gegen Ernst und seinen Kuchen hat niemand eine Chance", sagte Frau König lachend und nickte Kate über die Kaffeetasse hinweg zu.

In diesem Moment spürte Kate etwas Weiches, samtiges an ihrer Fessel und sah hinunter.

„Mascha", sagte sie erstaunt und die Katze blinzelte sie an, um im nächsten Moment auf ihren Schoß zu springen. „Wo kommst du denn her?"

Herr Winter grinste breit.

„Wenn früh die Handwerker anrücken, rückt Mascha aus. Sie dreht ihre Runden durch den Garten und sitzt dann an der Terrassentür. Da bekommt sie halt Asyl."

Kate schüttelte den Kopf. „Na du bist mir eine."

Die Katze hatte eigentlich Kates Mitarbeiterin Romy gehört, die von ihrem Exfreund ermordet worden war.

Kate hatte die einstige Wohnungskatze zu sich genommen und diese begann jetzt, dank einer Katzenklappe, die Umgebung bis zum nahen Stadtpark zu erkunden. Das dachte Kate zumindest bisher, aber scheinbar zog Mascha die Behaglichkeit im Haus der alten Herrschaften vor.

Jetzt genoss sie allerdings die Streicheleinheiten von Kate und blinzelte mit einem Auge nach dem Sahnekännchen auf dem Tisch.

Herr Winter nahm eine Untertasse, goss etwas hinein und stellte sie auf den Boden. Fluchs ließ Mascha Streicheleinheiten Streicheleinheiten sein, sprang auf den Boden und schlürfte genussvoll die Sahne.

„Ernst, Sahne soll nicht gut für Katzen sein", ermahnte seine Lebensgefährtin ihn, mit Blick auf Kate, aber der winkte ab.

„Ich hatte einige Katzen, sie haben alle Sahne geschlappert und sind sehr alt geworden."

Er nahm den Kuchenteller und hielt ihn Kate hin.

„Ohne ein Stück des Mohnkuchen mit Streusel lasse ich sie aber nicht gehen."

Seufzend griff Kate zu. Noch mehr solche Nachmittage und sie benötigte bald eine größere Konfektionsgröße.

„Du glaubst also an eine Entführung, weil ein sechs Jahre altes Mädchen einen Clown gesehen haben will?"

Mike, der dabei war den Abendbrottisch in der Küche zu decken, sah Kate stirnrunzelnd an. Diese schloss langsam die Tür und setzte sich.

„Also, ich glaube Herrn Weck, dass seine Frau nicht so einfach eine Auszeit will. Sie klang schon ein wenig benebelt. Und die Kleine war wirklich recht überzeugend."

Dabei schob sie ihren Teller etwas von sich weg.

„Du, ich habe überhaupt keinen Hunger. Herr Winter hat mich vor zwei Stunden mit selbstgebackenen Kuchen abgefüllt, da hatte ich keine Chance auf Widerstand."

„Und was soll ich jetzt deiner Meinung nach machen?"

Sie lehnte sich zurück und spielte mit ihrem Glas.

„Nichts. Du kannst nichts tun. Vielleicht hat sie diesen Clown ja auch gekannt, was weiß ich warum jemand in so einer Maskerade umherläuft."

Sie schüttelte den Kopf und setzte energisch das Glas ab.

„Ich werde noch einmal mit Herrn Weck, also dem Ehemann der Verschwundenen sprechen und ihn fragen, ob er sich das erklären kann."

Mike nickte.

„Ja und sollte sich eine neue Spur ergeben, dann…"

Kate zwinkerte ihm zu.

„Aber natürlich, Herr Hauptkommissar!"

Kapitel 5

Kate hatte sich fest vorgenommen, bereits am nächsten Nachmittag mit Herrn Weck zu telefonieren, als dieser gegen Mittag ihr Büro betrat.

Chris Töpfer hatte ihn bereits im Eingangsbereich empfangen und einen Platz angeboten, dann meldete er ihn telefonisch bei Kate an. Diese war erstaunt, in welcher Geschwindigkeit sich dieser junge Mann einarbeitete. Sie trat aus ihrem Büro, lächelte ihm zu und reichte Berny Weck die Hand.

„Herr Weck, kommen sie doch bitte herein."

Sie setzte sich ihm an ihrem kleinen Bürotisch gegenüber.

„Haben sie schon etwas herausgefunden?", fragte der Arzt. Kate sah, wie aufgeregt er war, auch wenn er das zu unterdrücken versuchte.

„Herr Weck, hat ihre Frau sich verfolgt oder bedroht gefühlt?"

Er starrte sie eine Weile an, dann schüttelte er den Kopf. „Nein, wieso?"

Kate, die ihm noch nichts von dem ominösen Clown erzählen wollte, holte Luft.

„Es besteht die Möglichkeit und wie gesagt, es ist nur eine Möglichkeit, dass ihre Frau nicht allein war, als sie an der Kindertagesstätte abgefahren ist. Es könnte jemand zu ihr ins Auto gestiegen sein, was sie nicht verhindern konnte. Das bedeutet aber, dass diese Person ihre Frau bereits vorher beschattet haben, ihre Gewohnheiten gekannt haben muss. Fällt ihnen dazu etwas ein?"

Der Arzt öffnete den Mund, schloss ihn aber wieder und ließ sich in dem Stuhl zurückfallen.

„Herr Weck, ganz gleich wie unwichtig ihnen das erscheint, sagen sie es mir. Bitte."

Berny Weck klopfte sich unruhig mit einer Hand auf den Handrücken der anderen, dann seufzte er.

„Seit wir hier in Jößnitz wohnen habe ich den Eindruck, dass sich Sylvia verändert hat…"

Er brach ab.

„Wie verändert?", stieß Kate sanft nach.

„Sylvia war schon immer verschlossen, wenn es um private Dinge ging, aber das habe ich akzeptiert. Sie hat wenig von sich erzählt, dafür kann sie gut zuhören, das schätze ich sehr an ihr. Aber seit wir hier wohnen, hatte ich das Gefühl, sie zieht sich immer mehr zurück. Habe ich vorgeschlagen, wir gehen ins Theater, lehnte sie ab. Dabei hatten wir in Mannheim immer Theateranrecht. Und so setzte sich das fort. Sie wollte in kein Restaurant mitgehen, zu keiner Feier. Und sie sagte mir einfach nicht wieso."

Kate überlegte eine Weile.

„Haben sie den Eindruck, sie möchte niemand aus ihrer Vergangenheit begegnen?"

Berny Weck nickte.

„Dieser Gedanke ist mir auch schon durch den Kopf gegangen, obwohl ich zuerst vermutete…"

Wieder brach er ab.

„Das sie einen anderen Mann hat?"

Der Arzt sah sie kurz an, dann nickte er.

„Aber diese ganze Geschichte zu inszenieren, nein, das passt nicht zu Sylvia. Sie hätte einfach geradeheraus gesagt was los ist. Nein, das ist nicht ihre Art."

Kate dachte eine Weile nach.

Auch ihr erschien die Geschichte nicht wie eine Trennungsepisode, zumal sie ja die Information mit diesem mysteriösen Clown hatte, die Sylvia Wecks Mann nicht kannte.

„Sagen sie, Herr Weck, wissen sie, ob ihre Frau vor der Wende in irgendeiner Weise politisch aktiv war?"

Sofort schüttelte er den Kopf.

„Nein, sie war zwar mit dem System hier nicht einverstanden, dass sagte sie mir damals oft bei meinen Besuchen, aber politisch irgendwie aktiv, nein."

Jetzt sah er Kate geradeheraus an.

„Frau Schulz, sie haben doch irgendeinen Verdacht? Sagen sie es mir, bitte."

Kate räusperte sich.

„Gut, Herr Weck. Ich denke, dass es mit der Vergangenheit ihrer Frau zu tun haben muss, hier in Plauen. Aber solange wir keine konkreten Anhaltspunkte haben…"

Sie zuckte die Schultern.

Geradezu schwerfällig erhob sich Berny Weck.

„Bitte bleiben sie dran, Frau Schulz. Ich hoffe nur, es ist nicht schon zu spät. Die Polizei…"

Er winkte ab.

Auch Kate erhob sich.

„Herr Weck, die Polizei hält sich an die Fakten und diese sind so, dass sich ihre Frau eine Auszeit genommen hat, laut ihrer eigenen Aussage."

Er nickte. „Ja, ja, ich verstehe."

Sie reichte ihm die Hand.

„Ich tue, was ich kann."

Kapitel 6

„Hast du ihm da nicht ein bisschen viel verspro-
chen?", fragte Mike, während er mit Kate gemeinsam
die Planen von den Treppen entfernte.

Die Handwerker waren an diesem Nachmittag fertig
geworden und Kate wollte nicht Frau Anselm wieder
die ganze Arbeit überlassen, auch wenn sie selbst we-
nig Lust verspürte, das Chaos zu beseitigen.

Mike hatte, nachdem er nach Hause gekommen war,
ohne zu zögern seine ältesten Jeans angezogen und
jetzt waren sie seit einer Stunde dabei, den Weg ins
neu ausgebaute Obergeschoss vom gröbsten Dreck
zu beräumen.

Kate hielt einen großen Müllsack auf, in den Mike
jetzt die Planen stopfte.

„Ich bin überzeugt, dass diese Entführung ihre Ursa-
che in Sylvia Wecks Vergangenheit hier in Plauen
hat."

Mike schüttelte den Kopf.

„Entführung? Das ist aber eine kühne Theorie. Viel-
leicht macht sie sich gerade mit einem neuen Lover
ein paar nette Tage irgendwo im Süden?"

Er zog mehrfach die Augenbrauen in die Höhe, so-
dass Kate lachen musste.

„Deine Fantasie", sagte sie nur und stupste ihn in die
Seite. Dann wurde sie ernst.

„Ich glaube die Geschichte mit dem Clown. Claire hat
sich das nicht ausgedacht. Und ich denke, ein neuer
Lover würde wohl kaum mit einem Clownskostüm

in ihr Auto einsteigen."

Mike zuckte die Schultern und band den gefüllten Abfallsack fest zu.

„Vielleicht steht sie drauf?"

Kate hob den Kopf und sah Mike an.

„Sag mal, hast du heute hier zu viele Dämpfe einge-atmet oder was ist los mit dir?"

Dann musste sie wieder lachen. Er stellte den ersten Abfallsack in die Diele und reichte Kate einen neuen.

„Das meiste haben wir schon geschafft", sagte er und warf einen Blick nach oben.

Noch ehe sie etwas antworten konnte, hörte sie aus der Küche Mikes Dienst-Smartphone klingeln.

Stirnrunzelnd schaute sie ihn an.

„Du hast doch gar keine Bereitschaft?"

Er zuckte die Schultern, wischte sich die Hände an seiner Jeans ab und ging in die Küche. Nach einer Weile kam er wieder heraus und sah Kate an.

„Ich dusche schnell und ziehe mich um. Es ist ein anonymer Hinweis eingegangen. Frau Weck wurde daraufhin in einem leerstehenden Haus an der Mor-genbergstraße gefunden. Eine Streife ist vor Ort."

Kate hob den Kopf. „Lebt sie noch?"

Er nickte und schaute bedauernd auf das noch immer herrschende Chaos.

Kate winkte ab.

„Den Rest schaffe ich noch allein."

Als Mike das sichtbar seit längerem leerstehende Haus in der Morgenbergstraße betrat, schlug ihm ein Geruch von Fäulnis und Exkrementen entgegen.

Der diensthabende Beamte, der mit seinem Kollegen als Erstes vor Ort gewesen war, erwartete ihn in der zweiten Etage.

Dort war die ehemalige Vorsaaltür aufgebrochen und hing schief in den Angeln. Der Geruch intensivierte sich hier. Im Inneren der Wohnung hörte Mike Stimmen.

„Der Notarzt ist da", sagte der Beamte.

„Es ist ziemlich heftig da drinnen, ich möchte wirklich nicht an Stelle der Spurensicherung sein", ergänzte er und trat zur Seite, um Mike passieren zu lassen.

In dem leeren Raum mit abgebröckeltem Putz und abgerissener 70-ziger Jahre Tapete stand ein Metallbett. Dort machte sich gerade ein Notarzt und ein Sanitäter an einer Frau zu schaffen, bei der es sich, erst auf den zweiten Blick, um die vermisste Sylvia Weck handelte. Von der ehemals gepflegten Frau auf den Fotos, die Mike gesehen hatte, war nicht mehr viel übrig. Er sah fettiges, völlig verschwitztes Haar und ein verquollenes, schmerzverzogenes Gesicht.

Der Notarzt trat etwas zurück und winkte zwei weitere Sanitäter heran.

Während die Männer vorsichtig versuchten, die Frau auf eine Trage zu heben, ergoss sich ein Schwall von Exkrementen auf den Fußboden, sodass Mike zurückwich.

Der Arzt deutete in den Flur. Draußen beugte er sich zu Mike heran, um nicht zu laut sprechen zu müssen. „Ich habe eine Analgesie gesetzt, um sie erst einmal transportfähig zu machen. Was ich ihnen sagen kann, jemand hat sie hier tagelang gefangen gehalten, angebunden, so dass sie sich kaum bewegen konnte. Mit Sicherheit wurde sie sediert. Sie sollten sich einmal diese Babyflaschen anschauen, damit wurde sie ernährt. Ich vermute, das Sedativum war dort beigemischt."

Mike nickte. „Wurde sie misshandelt?"

Der Arzt zog die Brauen nach oben.

„Ich weiß nicht, wie sie es bezeichnen würden, wenn jemand tagelang in seinen Exkrementen liegen muss? Das ist für mich Misshandlung. Darüber hinaus? Auf den ersten Blick nicht, aber das müssen sie mit den Kollegen in der Klinik klären."

In diesem Moment wurde die Trage mit der Frau aus dem Zimmer gebracht und Mike musste zur Seite treten.

„Hat sie irgendetwas gesagt?", fragte Mike noch, als der Notarzt sich anschickte, den Sanitätern zu folgen. Dieser hielt kurz inne und sah Mike stirnrunzelnd an.

„Sie hat in einem fort etwas von einem Clown erzählt."

Als Mike stutzte, deutete der Arzt in das Innere des Zimmers. „Da ist er, der Clown."

Mike sah auf eine zirka 30 Zentimeter große Clownspuppe, die von der Decke hing.

Omar saß im Beratungsraum der Polizei und nahm von Mike Köhler eine gefüllte Kaffeetasse entgegen. Genießerisch schnupperte er daran und nahm einen Schluck. Dann setzte er sich aufrecht hin und sah in die Runde.

Als Mike ihm zunickte, öffnete er sein Tablet.

„Also, zuerst das Positive. Frau Weck ist, zumindest körperlich, langsam auf dem Weg der Besserung. Du hast sie ja kurz befragen können", sagte er zu Mike gewandt, der etwas nickte.

„Ja, allerdings wenig erfolgreich. Sie hat auch mir gegenüber immer von einem Clown gesprochen. Dabei ging es nicht um diese Puppe, die wir in dem Zimmer gefunden haben, sondern scheinbar um eine reale Person. Er, also eine maskierte Person, wäre in ihr Auto eingestiegen und hätte sie dann wohl betäubt. Beschreibung- es war ein Clown."

Verhaltenes Lachen im Raum.

„Zumindest deckt sich das mit der Aussage des Kindes, die von Kate Schulz von Schulz Security befragt wurde. Diese hatten den Auftrag von Herrn Weck erhalten, nach seiner Frau zu suchen", fasste Mike noch einmal für diejenigen der Anwesenden zusammen, die den Hintergrund noch nicht kannten.

Dann deutete er Omar fortzufahren.

„Nun, Frau Weck wurde ein Sedativa intramuskulär injiziert, die Einstichstelle ist der Musculus quadriceps femoris."

Er erhob sich leicht, um die Einstichstelle an sich selbst zu demonstrieren.

„Jemand mit medizinischen Kenntnissen?", fragte Kriminalanwärter Frieder Lein nach.

Omar sah ihn an.

„Ich sage mal so, derjenige hat es mit Sicherheit nicht zum ersten Mal gemacht. Die Injektion war präzise gesetzt."

Dann wandte er sich wieder an alle.

„Damit war sie in einem Zustand völliger Hilflosigkeit. Vermutlich hat der Täter sie dann in dieses leerstehende Haus gebracht."

Hier hob Mike wieder die Hand.

„Nach Bericht der Spurensicherung wurde sie in den zweiten Stock des leerstehenden Hauses hinaufgezogen, wahrscheinlich in einem Sack oder so etwas ähnlichem. Das lässt den Schluss zu, dass der Täter nicht kräftig genug war sie zu tragen."

Omar runzelte die Stirn.

„Also Frau Weck wiegt gerade einmal 55 Kilogramm, das sollte doch machbar sein."

„Für dich allemal", entgegnete Mike und erntete wieder Lachen, in das auch Omar einfiel.

Dann wurde er wieder ernst.

„Wie auch immer, der Täter hat sie dann in diesem Metallbett so fixiert, das sie gerade ihre Hände bewegen konnte. Er hat ihr Babyflaschen mit Babynahrung und einem beigemengten Sedativa, hierbei handelt es sich um Diazepam, in Reichweite gelegt. Sie war zwar am Auffindetag dehydriert, aber nicht lebensbedrohlich. Was schlimmer war, ist die Tatsache, dass der Täter sie eine Woche lang in ihren eigenen

Exkrementen liegen ließ. Die Erwachsenenwindel, die sie trug, war so angeklebt, dass sie unter einer Notfallnarkose entfernt werden musste."

Alle Anwesenden verzogen in unterschiedlichster Weise das Gesicht bei dieser Vorstellung.

Omar nickte.

„Sie hat im Gesäßbereich Druckgeschwüre, die chirurgisch behandelt, sprich ausgeschnitten werden mussten. Es besteht noch immer ein hohes Infektionsrisiko, aber aufgrund ihres sonst sehr guten Gesundheitszustandes ist, glaube ich, davon auszugehen, dass sie langfristig diese Sache ohne nennenswerte physische Schäden übersteht. Wie es psychisch aussieht."

Er hob die Hände. „Das muss der Kollege Feigler entscheiden."

Kommissarin Marianne Jäger sah auf die vorliegenden Tatortbilder.

„Diese Babyflaschen…"

Sie wurde unterbrochen, als Karsten Windisch, der Leiter der Spurensicherung, den Raum betrat.

„Sorry, Leute, aber ich musste noch ein paar Recherchen betreiben."

Er nahm Platz und fuhr sein Tablet hoch, während Marianne Jäger fortfuhr.

„Das sind DDR- Babyflaschen."

Karsten Windisch hob den Kopf und sah sie an.

„Jetzt hast du mir die Pointe vorweggenommen. Aber Marianne hat recht, das sind Babyflaschen aus DDR -Produktion und nicht nur das, auch die Sauger sind noch original."

Mike nickte und sah die anderen Anwesenden an.

„Mit Sicherheit hat das irgendeine Bedeutung. Solche Flaschen wären doch nicht die erste Wahl, wenn ich jemand gefangen halte und ernähren möchte?"

Omar knurrte zustimmend.

Dann sah Mike wieder zu Karsten Windisch.

„Und was gibt die übrige Spurenlage her?"

Dieser seufzte auf.

„Es ist fast zu vergleichen mit der Auffindesituation von Elisabeth Nasab. Damals waren auch Spuren ohne Ende und wenig ergiebig."

Alle Beteiligten nickten. Sie erinnerten sich an den Fall im vergangenen Jahr, als die Leiche eines jungen Mädchens in der verlassenen Werkhalle der ehemaligen Plauener Damenkonfektion gefunden worden war.

„Jedenfalls", ergänzte Karsten Windisch. „Es gibt unzählige Spuren, wie man sie in einem seit langem leerstehenden Haus für gewöhnlich findet. Was die Babyflaschen angeht, sind wir dran. Aber das war damals Massenware und da sie viele Gebrauchsspuren aufweisen, denke ich auch, dass sie aus irgendeinem Bestand sind. Kinderkrippe, was weiß ich."

Marianne Jäger sah zu ihm hin.

„Und diese Clownspuppe? Auch DDR- Fabrikat?"

Der Leiter der Spurensicherung schlug sich leicht vor den Kopf.

„Sorry, habe ich fast vergessen. Ja, hergestellt in Sonneberg, in den 80-ziger Jahren. Leider ebenfalls ein

Massenprodukt. Obwohl die Puppe selbst relativ neu erscheint. Es gibt vielleicht immer noch Liebhaber, die so etwas haben."

Mike nickte und klopfte mit den Händen auf den Tisch.

„Gut, dann hoffe ich nur, dass wir Frau Weck zeitnah nochmals befragen können und sie sich dieses Mal besser erinnert und vor allem, dass sie uns ein mögliches Motiv liefern kann."

Mike war froh, dass der leitende Chefarzt der Chirurgie, Doktor Wischnewski, keine Probleme damit hatte, seine Patientin durch die Polizei befragen zu lassen. Mit Doktor Feigler, dem Psychiater, hätte das wieder einer längeren Diskussion bedurft.

„Die Wunden sind tief und wir haben lange gebraucht sie entsprechend zu säubern. Aber ihr Zustand ist stabil. Dass sie eine Injektionsstelle hat, dürfte ihnen ja der Kollege Amri schon mitgeteilt haben?"

Als Mike nickte, zog der Chirurg die Brauen nach oben.

„Ich habe immer so meine Probleme, wenn ein Rechtsmediziner hier herumläuft. Macht keinen guten Eindruck. Was sollen denn die Patienten denken? Das er eventuell auf der Suche nach Nachschub ist?"

Er zwinkerte dem Hauptkommissar zu und ließ ihn stehen. Mike schmunzelte. Mediziner hatten wohl ihren eigenen Humor.

Dann ging er in das Zimmer von Frau Weck.

Sie lag in einem Einzelzimmer, das hell und freundlich wirkte und einen wunderbaren Blick in den nahen Park gewährte. Den konnte Frau Weck derzeit allerdings nicht nutzen, da sie auf dem Bauch lag und in dieser Position maximal den Kopf zur Seite drehen konnte.

Mike stellte sich vor und nahm sich einen Stuhl. Wenn er saß, würde sich die Unterhaltung vielleicht etwas besser für sie gestalten. Ihre Augen fixierten ihn während der ganzen Zeit.

Irgendjemand, sicher das Pflegepersonal, hatten ihr die Haare gewaschen und auch sonst machte sie jetzt wieder einen gepflegteren Eindruck.

„Frau Weck, an was können sie sich erinnern?"

Die Angesprochene zögerte einen kurzen Augenblick, dann sah sie Mike wieder an.

„Das habe ich ihnen doch schon vorgestern erzählt."

Ihre Stimme war leise, aber eine gewisse Schärfe war herauszuhören.

„Natürlich, aber ich denke, da es ihnen heute etwas besser geht…"

„Geht es nicht", unterbrach sie ihn schroff. „Ich wurde über Tage gefangen gehalten, betäubt, in meinen Exkrementen liegen gelassen und musste operiert werden. Ich habe Schmerzen und ich bin müde."

Mike schwieg einen Augenblick, dann holte er tief Luft.

„Gut, Frau Weck, lassen sie es mich anders formulieren. Kannten sie den Täter oder haben sie eine Vermutung, wer ihnen das angetan haben könnte?"

Sie räusperte sich leise.

„Zwei Mal nein, Herr Hauptkommissar und jetzt entschuldigen sie mich bitte. Wie gesagt, ich bin müde."

Sie schloss die Augen und Mike blieb nichts anderes übrig, als aufzustehen und zu gehen.

Als er das Zimmer verlassen wollte, wurde gerade die Tür geöffnet und ein schlanker Mann trat ein.

Mike sah ihn an. „Herr Weck?"

Dieser nickte.

Mike wies sich aus und deutete mit einem Nicken

hinaus auf den Flur.

Etwas zögernd folgte ihm der Mann. Mike deutete in eine Nische, wo zwei Sessel um einen kleinen Tisch standen.

Sie nahmen Platz.

„Herr Weck, können sie sich vorstellen, wer ihre Frau gefangen gehalten hat?"

Der Arzt schüttelte den Kopf.

„Glauben sie mir, Herr Hauptkommissar, darüber habe ich wieder und wieder nachgedacht, das habe ich auch zu Frau Schulz gesagt. Zumal es ja keine Geldforderungen oder ähnliches gab."

„Haben sie Feinde?"

Wieder schüttelte der Arzt den Kopf.

„Natürlich hat man immer mal wieder einen unzufriedenen Patienten, aber so etwas? Nein. Wir haben auch keinen Nachbarschaftsstreit. Ich kann es mir einfach nicht erklären. Auch Sylvia, sie ist bei allen Kunden beliebt."

Mike erhob sich.

„Dann will ich sie nicht länger aufhalten, Herr Weck. Gehen sie zu ihrer Frau und wenn ihnen oder ihr noch irgendetwas einfällt, bitte melden sie sich umgehend, ja?"

Der Arzt nickte und reichte Mike die Hand.

Stirnrunzelnd sah er Berny Weck nach, als dieser die Tür des Krankenzimmers hinter sich schloss.

„Ich finde das schon seltsam, dass sie dich so abge-
kanzelt hat", sagte Kate und reichte Mike eine Tasse
mit frisch gebrühtem Kaffee.

Da Daniel im Umzug begriffen war, hatte sie sich
selbst einen Kaffeeautomat für ihr Büro zugelegt und
Chris Töpfer betätigte sich sehr geschickt als Barista.
Überhaupt hatte er sich in den wenigen Tagen aus-
nahmslos gut eingearbeitet und besonders Jasmin,
die er am meisten entlastete, war des Lobes voll.

„Ich fürchte nur, wenn er sein Studium fertig hat,
wird er wohl bei uns aufhören", hatte sie bereits zwei
Mal zu Kate gesagt, aber diese winkte ab.

„Jetzt warte doch erst einmal. Es wird sich alles re-
geln."

Mike nahm gerade einen großen Schluck aus seiner
Tasse und stellte sie dann zurück.

„Das war auch so mein Gedanke. Ich bin felsenfest
davon überzeugt das sie irgendetwas weiß."

Kate hatte sich zu ihm gesetzt.

„Und ihr Mann?"

Mike wog nachdenklich den Kopf hin und her.

„Ich denke, er weiß nichts. Er scheint ja überhaupt
ein angenehmer Zeitgenosse zu sein. Was ist dein
Eindruck?"

Kate dachte eine Weile nach, ehe sie antwortete.

„Er liebt seine Frau, sehr sogar. Auch wenn das Zu-
sammenleben mit ihr nicht immer so harmonisch ist
wie er sich vielleicht wünscht. Mir hat er erzählt, sie
sei von je her recht verschlossen gewesen, aber seit
sie wieder hierhergezogen sind, muss es immer

schlimmer geworden sein."

Mike sah sie an.

Sie lächelte. „Was er so erzählt hat, da habe ich mir eins und eins zusammengereimt."

Dann sah sie eine Weile schweigend aus dem Fenster und zuckte schließlich die Schultern.

„Wenn sie nicht will, dass der Entführer gefasst wird, auch gut. Oder was denkst du?"

Mike nickte. „Am Ende können wir nichts machen. Vielleicht hat sie den Täter wirklich gekannt und sagt, aus welchen Gründen auch immer, nichts."

„Trotzdem geht mir diese ganze Clownsgeschichte nicht aus dem Kopf", meinte Kate.

Mike runzelte die Stirn und nahm noch einen Schluck Kaffee.

„Ich denke nicht, dass wir das überbewerten sollten, irgendein Perverser, was weiß ich…"

Kate lachte leise auf. „Also, ich habe ja schon viele bizarre Sachen erlebt, aber ein Clown."

Dann machte sie eine kleine Handbewegung, um anzudeuten, dass sie das Thema wechselte.

„Wie sieht es denn jetzt mit dem Umzug deiner Ma aus?"

Mike stöhnte. „Ich habe ihr gesagt, in spätestens einem Monat kann sie einziehen. Ich hoffe, ich habe mich nicht zu weit aus dem Fenster gelehnt?"

„Nein", sagte Kate und sie klang außerordentlich zuversichtlich. „In zwei Wochen sind die Maler raus, dann noch der Umzug deiner Sachen, ich denke, das läuft."

Mike sah sich in ihrem Büro um. „Und, geht's dann hier weiter?"

Sie hob beide Hände. „Ich bin mir noch nicht mal sicher, ob ich hierbleibe."

Mike lachte laut auf.

„Weil Daniel auszieht? Du hast doch jetzt diese neue Edelkaffeemaschine inklusive eines Barista."

Kate winkte ab.

„Chris als Barista zu missbrauchen entspricht wohl kaum seinen Fähigkeiten, aber ganz so falsch liegst du nicht. Ich habe so manche Pause oder kurze Besprechung unten in Daniels Laden verbracht, das fehlt mir dann wirklich. So etwas nennt man Lebensqualität."

Als Mike die Augenbrauen nach oben zog, ergänzte sie: „Außerdem bin ich hier zur Miete. Das war am Anfang gut, weil ich mir ja da noch nicht im Klaren war, ob ich in Deutschland bleibe oder in die Staaten zurück gehe. Aber jetzt."

Sie warf ihm einen Blick zu. „Jetzt denke ich schon ernstlicher daran, in Deutschland zu bleiben."

Mike nickte betont bedächtig. „Das klingt gut."

Dann brachen sie beide in Lachen aus.

„Im Ernst", sagte Kate schließlich. „Ich habe an etwas Eigenes gedacht. Das Startkapital dazu habe ich und langfristig gesehen würde es sich auszahlen. Was meinst du?"

Mike zuckte die Schultern. „Da rede ich dir nicht rein. Aber wenn du meine Meinung wissen willst…mach es!"

Nachdem Mike zurück ins Präsidium gefahren war, kam ihm Frieder Lein bereits auf dem Flur entgegen.

„Und, hast du etwas herausgefunden?", fragte er Mike.

Dieser schüttelte den Kopf.

„Nein, ich habe den Eindruck Frau Weck blockt ab. Und ihr Mann ist auch keine sehr große Hilfe."

Inzwischen war ihnen auch Marianne Jäger in Mikes Büro gefolgt.

„Tja, was sollen wir machen, wenn sie nichts sagt? Spurentechnisch sieht es nach wie vor chaotisch aus. Wegen dieser Clownspuppe. Ich habe noch einmal im Internet recherchiert. Sie wurde, wie Karsten schon gesagt hatte, in den 80ziger Jahren im VEB Sonni in Sonneberg hergestellt. Scheinbar waren nach der Wende noch massig Restbestände übrig. Die hat irgendjemand gehortet. Man kann sie jedenfalls immer noch auf Ebay kaufen, also keine Rarität."

Mike winkte ab.

„Ich komme mit dieser ganzen Clownsgeschichte nicht klar."

„Vielleicht ein ehemaliger Liebhaber, der immer noch sauer auf Sylvia Weck ist?", mutmaßte Frieder.

Marianne schüttelte langsam den Kopf.

„Nein, nein, das ist mir irgendwie zu viel DDR. Die Puppe, die Babyflaschen, die Sauger, sogar die Bettwäsche, das war ehemalige DDR - Kinderbettwäsche."

Jetzt stöhnte Mike auf und nahm sich einen Kaffee.

„Was?", fragte Marianne und ergriff auch eine Tasse,

die er schon für sie eingeschenkt hatte.

„Weißt du, wenn das jetzt wieder in Richtung Stasi geht, bekomme ich hier die Krise."

Als Frieder beide fragend ansah, reichte Mike auch ihm eine Tasse und deutete auf einen Stuhl.

„Naja, Frau Weck lebte bis 1989 in der DDR. Kaum kam die Wende, verschwand sie gen Westen zu ihrem damaligen Freund nach Mannheim. Jetzt wohnen sie wieder hier und dann passiert so etwas, mit eindeutigem DDR- Bezug, das sticht doch ins Auge."

Marianne Jäger nickte langsam.

„Naja, ich kann mich ja mal erkundigen, vielleicht bekomme ich etwas heraus."

Als Mike antworten wollte, klingelte sein Telefon. Es war die Zentrale.

„Herr Köhler, Obermeister Neidel hat vorhin versucht sie zu erreichen. Sie haben in der Südvorstadt in einem leerstehenden Haus eine Frau aufgefunden, scheinbar hat man sie dort länger gefangen gehalten. Sie hat Papiere bei sich, eine Frau Dagmar Greiner, wohnhaft in München. Sie ist aber in Plauen geboren. Er dachte, wegen des Falls Weck…" Mike war schon aufgesprungen und griff zu seiner Jacke. „Danke, ich komme. Geben sie mir bitte die Adresse durch."

Als Marianne und Frieder ihn ansahen, sagte er nur:

„Wieder eine Frau, die in einem leerstehenden Haus gefangen gehalten wurde. Ich fahr gleich hin. Seht inzwischen, ob sie als vermisst gemeldet ist. Dagmar Greiner, wohnhaft in München, geboren in Plauen.

55

Kapitel 7

Mike glaubte an ein Déjà-vu, als er die Treppen hinauf in den zweiten Stock eines leerstehenden Hauses hastete. Es war keine halbe Stunde her, als Obermeister Neidel die Zentrale informiert hatte.

Eine Streife war nach einem anonymen, telefonischen Hinweis in ein, seit mehreren Jahren leerstehendes, Haus in der Plauener Südvorstadt gefahren und hatte eine Frau dort aufgefunden. Als Mike die Wohnung betrat, kam ihm gerade der Notarzt entgegen, der auch bei Sylvia Wecks Auffinden dabei gewesen war. Er sah Mike geradezu anklagend an.

„Sehen sie ja zu das sie diesen Irren stoppen, ganz gleich wer das ist. Es wird von Mal zu Mal schlimmer."

Mike holte tief Luft, verfluchte sich aber augenblicklich dafür. Ein Schwall übelster Gerüche breitete sich in seiner Nase aus. Er musste unwillkürlich husten.

„Drinnen ist es noch schlimmer", sagte der Notarzt und deutete hinter sich.

„Sie muss schnellstmöglich auf die Intensivstation, wir haben sie gerade zum Transport einigermaßen stabilisiert. Die Frau ist halb verhungert. Wasser hatte sie scheinbar ausreichend, aber nichts zu essen oder vielmehr nichts mehr. Wie lange sie hier drin war, keine Ahnung."

In diesem Moment wurde die Trage mit einer abgedeckten Person, von der nur ein sehr schmales Gesicht herausschaute, an ihm vorbei ins Treppenhaus bugsiert. Der Notarzt nickte ihm zu und folgte, mit seinem Equipment beladen, den Sanitätern.

Einer der Streifenbeamten, Obermeister Neidel, stand kopfschüttelnd in der Tür. Zwei größere Taschenlampen erhellten den Raum, der sonst in völliger Finsternis lag. „Danke das sie mich gleich angerufen haben", sagte Mike zu ihm.

Der Beamte nickte.

„Naja, ich hatte ja vom Fall Weck gehört und jetzt das…" Er deutete in den Raum.

„Die Fenster sind wohl schon vor Jahren zugemauert worden, um mögliche Randalierer abzuschrecken", sagte er.

Mike nickte.

„Dann war sie hier in dem Raum gefangen?"

Der andere Beamte, ein noch junger Mann, der sichtlich mitgenommen schien, sah Mike an.

„Als wir ankamen, haben wir ein Kratzen innen an der Tür gehört. Dann ein leises Winseln. Wir dachten an ein Tier, bis die Frau ganz leise um Hilfe gerufen hat, als sie uns hörte. Die Tür war verschlossen und zusätzlich mit einem Riegel gesichert. Wir mussten erst die Kollegen von der Feuerwehr rufen, die haben dann geöffnet. So etwas habe ich noch nicht gesehen."

Er schüttelte immer wieder den Kopf.

Mike klopfte ihm auf die Schulter.

„Das glaube ich. Hat sie irgendetwas gesagt?"

Der junge Polizist sah ihn an und deutete an die linke Seite des Zimmers.

„Nur zwei Worte. Der Clown."

Dort hing die gleiche Clownspuppe, die sie auch in dem Raum, in dem man Sylvia Weck gefangen gehalten hatte, gefunden hatten.

„So, jetzt haben wir eine Serie", stöhnte Mike und sah Marianne Jäger an. „Was verbindet diese beiden Frauen?"

Sie stützte ihren Kopf in die Hände. „Ja, wenn wir das wüssten."

Er starrte auf sein Tablet.

Frieder Lein runzelte leicht die Stirn.

„Sie sind beide ehemalige Plauenerinnen."

Marianne war aufgestanden und nahm einen Marker von ihrem Schreibtisch und ging zum Flipchart. Mike folgte ihr mit Blicken und nickte zustimmend. Auch wenn jüngere Kollegen über ihre „Blättersammlungen" verstohlen lachten und die digitale Variante vorzogen, so gab der Erfolg Marianne Jäger doch Recht. Durch ihre Art der Visualisierung hatte sie schon manchen entscheidenden Zusammenhang erkannt.

Sie pinnte beide Bilder der Frauen an, Sylvia Weck und Dagmar Greiner. Darunter schrieb sie *Plauen*. Mike fuhr über sein Tablet.

„Beide sind Ende 1989 in die alten Bundesländer gegangen. Die eine nach Mannheim, die andere nach München. Beide haben drüben geheiratet."

Frieder sah Marianne an, die sich kurze Notizen machte.

„Könnte es doch einen politischen Hintergrund haben? Schließlich war damals die Wende", fragte dieser jetzt, an das Gespräch von vorhin anschließend. Mike ließ sich in seinen Stuhl zurückfallen und sah zu Marianne.

59

„Denkst du wirklich, die ehemalige Stasi könnte dahinterstecken?"

Marianne schüttelte den Kopf. „Nein, ich glaube, das ist es nicht. Darüber habe ich, seit du weg warst, nachgedacht. Die würden wohl kaum als Clown agieren. Überhaupt dieser Clown. Einmal als reale Person und dann noch in Form dieser Puppe."

Sie pinnte die Bilder der Clownspuppen an, dann noch ein Foto. Es war die Fotografie des gemalten Bildes von Claire Maulhardt, dem Kind der Sonnenblumengruppe. Daneben ein Blatt mit der Beschreibung, die das Kind Kate gegenüber abgegeben hatte.

Mike stand auf und las sie nochmals durch.

„Es könnte also eine Frau sein?", sagte er.

Marianne und Frieder nickten.

„Aber was ist das Motiv?"

Marianne Jäger lächelte.

„Ich denke, wenn wir das Motiv haben, haben wir auch den Täter oder von mir aus die Täterin."

„Warum will uns Frau Weck nichts Konkretes erzählen? Ich hatte das Gefühl, das sie etwas weiß oder zumindest ahnt. Das sie vielleicht sogar den Täter kennt und schweigt. Warum, verdammt noch mal?"

„Weil sie mit ihm eine Rechnung offen hat?", warf Frieder ein.

„Und Frau Greiner? Wie passt die ins Bild?", fragte Marianne und sah dann zu Mike. „Hat sie etwas gesagt?"

Dieser schüttelte den Kopf.

„Noch nicht vernehmungsfähig. Sie liegt noch auf

der ITS. Zumindest konnte ich mit ihrem Mann tele-fonieren. Laut ihm wird sie seit knapp vier Wochen vermisst. Auch hier gab es eine Nachricht an ihn, allerdings handschriftlich. Sie würde eine Auszeit benötigen. Er war in München bei den Kollegen und die haben ähnlich zurückhaltend reagiert wie bei uns."

Er las sich noch einmal die Berichte der Spurensicherung durch. „Auffallend ist ebenfalls, dass bei beiden Frauen fast ausschließlich Gebrauchsgegenstände aus der damaligen DDR gefunden wurden, schreibt Karsten. Das sind diese Babyflaschen im Fall Weck und auch Plastiktrinkflaschen aus DDR- Produktion im Fall Greiner. Der Bezug zur ehemaligen DDR ist auch hier augenscheinlich."

Frieder deutete auf sein Tablet.

„Ich habe mir noch mal die Berufe der beiden Frauen angesehen. Da gab es wohl keine Überschneidung. Frau Weck hat als Physiotherapeutin im hiesigen Krankenhaus gearbeitet und Frau Greiner, nach Aussage ihres Mannes, als Köchin in einem Plauener Großbetrieb."

Mike stand auf. „Und trotzdem muss es eine Verbindung zwischen beiden Frauen geben. Ich rede noch einmal mit Frau Weck. Vielleicht kannte sie Dagmar Greiner, sie sind ja so ungefähr in einem Alter."

„Na dann, versuch dein Glück", sagte Marianne, nicht sehr überzeugt vom Erfolg von Mikes Vorhaben. Er blieb stehen. „Weißt du was, Marianne, komm mit. Vielleicht kann sie mit dir besser."

Marianne Jäger und Mike mussten im Krankenhaus noch eine Weile warten, da gerade Visite war.

Sie saßen auf dem Flur und eine nette Krankenschwester hatte ihnen sogar einen Kaffee angeboten.

Als sie ihnen mit einem Lächeln die Becher reichte, fragte Mike: „Frau Weck, bekommt sie viel Besuch?"

Die junge Frau mit sehr ausdrucksvollen, braunen Augen schüttelte nachdenklich den Kopf.

„Nein, eigentlich nur Doktor Weck, also ihr Mann."
Sie lächelte etwas.

„Ich wusste nicht, dass er Augenarzt ist. Nur als er mir so tief in die Augen sah, empfand ich es, naja, etwas unangemessen. Scheinbar hat er es gespürt und sich gleich entschuldigt und mir gestanden, dass er sich rein beruflich für Augen interessiert und meine wären sehr schön."

Mike erwiderte ihr Lächeln.

„Naja, da kann ich ihm nicht widersprechen."
Dann wurde er wieder ernst.

„Aber außer ihm haben sie niemand bei Frau Weck bemerkt?"

Die Krankenschwester schüttelte langsam, aber bestimmt den Kopf.

„Nein, definitiv nicht, wenn ich im Dienst war und das ist häufiger als mir lieb ist."

Dann deutete sie auf die Klingelanlage.

„Ich muss dann mal."

„Danke für den Kaffee", rief Marianne ihr nach und sie hob im Laufschritt nur die Hand.

„Sie sind die Herrschaften von der Polizei? Hartisch

mein Name."

Ein Arzt trat zu ihnen heran und Mike stellte Marianne und sich vor. Auf dem Namensschild am Kittel ihres Gegenübers las Mike *Doktor med. Friedhold Hartisch- Oberarzt*.

„Ich bin der behandelnde Arzt von Frau Weck."

Er deutete ihnen, wieder Platz zu nehmen und zog sich auch einen Stuhl heran.

„Entschuldigen sie, dass ich sie so auf dem Flur abfertige, aber bei uns wird zurzeit teilweise renoviert und ich bin faktisch obdachlos."

Er zuckte die Schultern und lächelte etwas, was ihn Mike sofort sympatisch machte.

„Auch einen Kaffee, Oberarzt?", rief die junge Schwester, die eben wieder vorbeikam.

„Sie wären ein Schatz, Nadja", sagte er und hielt kurz darauf einen identischen Kaffeebecher wie die beiden Polizisten in der Hand.

„Wie geht es Frau Weck, Herr Oberarzt?", fragte Mike jetzt.

„Naja", sagte dieser, nachdem er einen großen Schluck Kaffee genommen hatte. „Was ich ihnen sagen kann und darf, ist, dass sie auf dem Weg der Besserung ist."

„Hat sie ihnen gegenüber etwas erwähnt, einen Verdacht, irgendetwas, was uns weiterhelfen würde?"
Der Arzt schüttelte den Kopf.

„Weder mir gegenüber noch jemand anderem vom Personal. Stimmt es, dass die Frau auf der ITS auch ein Opfer dieses obskuren Clowns ist?"

Mike unterdrückte nur mit Mühe ein Stöhnen.

Genau das wollte er verhindern, wilde Gerüchte über einen bizarren Täter.

Es hatte den Ermittlern schon im Winter gereicht, als der vermeintlich neue Würger von Plauen sein Unwesen getrieben hatte. Sämtliche soziale Medien einschließlich einiger nicht eben solider Revolverblätter hatten sich auf den Fall gestürzt und die Gerüchteküche angeheizt.

Der Arzt schien Mikes Unbehagen zu spüren und richtig zu deuten. Er machte eine beschwichtigende Geste.

„Keine Angst, das hat hier noch nicht die Runde gemacht. Aber der Notarzt, der bei Frau Weck und auch bei der anderen Frau durch Zufall im Einsatz war, ist mein Schwager. Daher weiß ich es."

Mike nickte etwas erleichtert.

„Ja, so ist es. Wir haben jetzt zwei Fälle und sehen keinen richtigen Zusammenhang. Darum wollten wir Frau Weck noch einige Fragen stellen."

Der Arzt erhob sich, seinen leeren Kaffeebecher in der Hand.

„Aus medizinischer Sicht ist nichts dagegen einzuwenden, allerdings wünsche ich ihnen viel Erfolg."

Er holte Luft und ergänzte dann: „Ich habe so den Eindruck, dass Frau Weck verschlossen ist wie eine Auster."

Mit einem Nicken verabschiedete er sich und lief in Richtung Stationsküche, um seinen Kaffeepott zurückzustellen.

„Na, dann wollen wir mal", sagte Mike und deutete auf die Tür, hinter der Frau Weck lag.

Diese hatte das Kopfteil ihres Bettes etwas nach oben gestellt und obwohl sie mehr auf dem Bauch als auf der Seite lag, konnte sie jetzt von ihrem Fenster aus in den Park sehen.

„Ein schöner Blick", sagte Mike anerkennend, nachdem er in ihr Blickfeld getreten war und deutete auf das Fenster.

„Meine Kollegin, Kommissarin Jäger", stellte er Marianne vor und Sylvia Weck nickte ihr kurz zu.

„Können wir ihnen noch ein paar Fragen stellen?", ergriff diese auch gleich das Wort.

Sylvia Weck bot ihnen keinen Platz an, sondern sah von Marianne zu Mike und wieder zurück, ohne eine Miene zu verziehen.

„Ich wüsste nicht, was das bringen sollte, Herr Hauptkommissar. Ich habe ihnen bereits das letzte Mal gesagt, dass ich mich an nichts erinnern kann, was ihnen weiterhelfen könnte."

Marianne trat einen Schritt näher an das Bett heran und nahm jetzt den Duft eines sehr frischen, angenehmen Parfüms wahr.

„Kennen sie eine Frau Dagmar Greiner, geborene Kunze?"

Ohne zu zögern schüttelte Sylvia Weck den Kopf. „Nein, sollte ich sie kennen?"

„Sie war Köchin in der Vowetex. Sie ist ungefähr in ihrem Alter und auch 1989 in die BRD übergesiedelt."

Jetzt glaubte Mike, der sich in die Beobachterposition zurückgezogen hatte, ein kurzes Flackern in Frau Wecks Augen zu sehen.

„Und was hat das mit mir zu tun?"

Ihre Stimme war nach wie vor ruhig.

„Sie liegt auf der Intensivstation. Jemand hat sie in einer verlassenen Wohnung gefangen gehalten und fast verhungern lassen. Als sie befreit wurde, übrigens auch nach einem anonymen Hinweis, fanden wir in dem Raum eine Clownspuppe, die gleiche wie bei ihnen." Auch Marianne Jägers Stimme war ruhig.

Sylvia Weck schluckte hörbar, dann sah sie wieder Mike an. Ihre Augen sprachen eine ganz andere Sprache. Scheinbar konnte sie sich nur noch mit Mühe beherrschen. „Dann sollten sie zusehen, dass sie diesem Perversen so schnell wie möglich das Handwerk legen, Herr Hauptkommissar. Ich habe den Namen dieser Frau noch nie gehört. Und jetzt entschuldigen sie mich bitte, ich bin noch sehr angegriffen und brauche meine Ruhe."

Mike warf Marianne einen Blick zu, den diese erwiderte. „Es hat keinen Zweck mehr", bedeutete er und sie verabschiedeten sich.

Auf der Station winkte ihnen die nette Schwester Nadja noch einmal zu, ehe sich die Aufzugtür hinter ihnen schloss.

„Sie weiß mehr als sie uns sagt", meinte schließlich Marianne, als sie in Richtung Auto liefen.

„Richtig", sagte Mike. „Aber der Oberarzt hatte recht, verschlossen wie eine Auster."

Kate wachte auf und blinzelte zu ihrem Wecker.

5:40 Uhr zeigte er an und sie griff neben sich. Die andere Seite des breiten Bettes war leer und ausgekühlt. Langsam setzte sie sich auf, schwang die Beine aus dem Bett und dehnte sich. Als sie die Tür des Schlafzimmers öffnete, zog der Duft von frisch gebrühtem Kaffee nach oben.

Sie ging nach unten in die Küche. Mike saß mit einem großen Pott Kaffee und seinem Laptop am Küchentisch. Kate trat von hinten an seinen Stuhl und umarmte ihn.

Als sie ihre Wange an der seinen rieb, kratzte es und sie merkte, dass er sich noch nicht rasiert hatte.

„Kannst du nicht schlafen?", fragte sie, goss sich ebenfalls einen Kaffee ein und setzte sich ihm gegenüber.

Er lächelte sie an. „Vielleicht habe ich schon die senile Bettflucht?"

Sie runzelte die Stirn. „Ich denke, es ist eher ein Fall von – ich kann auch im Privatleben nicht von diesem Fall abschalten-."

Er klappte den Laptop zu und lehnte sich etwas zurück.

„Ja, das ist es. Es wurmt mich einfach, dass wir keinen Schritt weiterkommen. Sylvia Weck mauert, sie weiß oder ahnt zumindest etwas, das habe ich gesehen, als Marianne mit ihr gesprochen hat."

Kate erhob sich und schenkte ihm und sich Kaffee nach. „Hattest du Erfolg bei Dagmar Greiner?"

Mike winkte ab.

„Ganze fünf Minuten durfte ich zu ihr und der Arzt stand wie ein Schießhund daneben. Sie ist noch völlig durcheinander und steht unter starken Medikamenten, aber trotzdem hatte ich das gleiche Gefühl wie bei Sylvia Weck. Sie weiß oder ahnt etwas."

Kate faltete die Hände unter dem Kinn und sah ihn sinnend an.

„In Richtung politisch- ich meine Stasiverstrickung- habt ihr schon gedacht, oder? Schließlich sind beide unmittelbar nach der Maueröffnung weg."

Mike nickte. „Ja, aber Marianne ist auch der Meinung, diese ganze Clownsgeschichte passt nicht dazu."

Kate stand auf und stellte ihren Kaffeepott in die Spülmaschine.

„Ich werde Steven auf die Sache ansetzen. Meines Erachtens nach hat es auch keinen Zweck mehr, Herrn Weck zu fragen. Ich bin überzeugt das er wirklich nichts weiß. Kommst du mit joggen?"

Mike blies die Wangen auf.

„Es ist noch reichlich früh, oder?", sagte er gedehnt und Kate schlug ihn sanft auf die Schulter.

„Deine Ausreden waren auch schon mal besser. Komm, es macht den Kopf frei."

Murrend erhob er sich.

„Ja, mit Sicherheit. Besonders dann, wenn man erfolglos hinter seiner Lebensgefährtin herjagen muss."

Kate, die bereits wieder auf dem Weg ins Schlafzimmer war, sah über das Geländer nach unten und grinste ihn an.

„Dann musst du eben an deiner Kondition arbeiten, Herr Hauptkommissar."

Bevor sie die Tür hinter sich schloss, ging sie noch einmal zurück. „Mike?"

Sie hörte ihn in der Küche klappern. „Ja?"

„Suche doch mal bitte die ehemaligen Wohnadressen von Sylvia Weck und Dagmar Greiner heraus."

Jetzt erschien Mike im Flur und sah zu ihr hinauf.

„Und was willst du damit? Es ist fast 30 Jahre her, denkst du, da hast du noch Erfolg?"

Sie wog den Kopf langsam hin und her.

„Glück ist der Helfer eines Privatdetektivs."

„Also gut, mache ich gleich nachher im Präsidium und schicke dir die Adressen auf dein iPhone. Vorausgesetzt allerdings, ich überlebe diese Joggingrunde."

Kate parkte ihr Auto in der Hainstraße und lief die Dobenaustraße hinauf zur Hausnerstraße.

Mike hatte ihr vor einer Stunde die Adressen der Wohnungen von Sylvia Weck und Dagmar Greiner durchgegeben, die sie vor ihrem Weggang in den Westen bewohnt hatten.

Dagmar Greiner hatte im Neubaugebiet Chrieschwitzer Hang gewohnt. Das damalige Haus gab es nicht mehr, es war vor einigen Jahren, gemeinsam mit anderen, der Abrissbirne zum Opfer gefallen.

Jetzt war sie auf dem Weg zu Sylvia Wecks ehemaliger Adresse.

Vor der angegebenen Hausnummer blieb sie stehen und inspizierte das Klingelschild.

„Glück ist der Helfer eines Privatdetektivs", hatte sie heute Morgen noch zu Mike gesagt und scheinbar bewahrheitete es sich gerade.

Aus der Haustür kamen just in diesem Moment zwei junge Frauen, die sich angeregt unterhielten.

Bei Kates Anblick blieben sie stehen und musterten sie.

„Können wir helfen?", fragte die etwas Größere der beiden und schwankte scheinbar zwischen Neugierde und Skepsis.

Kate zog eine ihrer Visitenkarten aus der Tasche.

„Kate Schulz, private Ermittlungen. Ich suche jemand, der vielleicht schon vor der Wende in diesem Haus gewohnt hat oder zumindest weiß, wer damals hier wohnte."

Die beiden Frauen sahen sich an und schüttelten fast

zeitgleich den Kopf. „Also wir nicht."

Kate lachte.

„Wohl kaum, da waren sie ja noch nicht mal geboren."

Die beiden lachten zurück. Dann zog die Kleinere die Stirn etwas kraus.

„Moment mal, Frau Baumgärtel, die wohnt doch schon seit einer Ewigkeit hier."

Die Größere nickte.

„Klar. Wart mal, ich frag sie."

Sie drückte auf die Klingel. Am Fenster in der ersten Etage erschien ein graugelockter Kopf.

„Frau Baumgärtel, hier ist eine Frau, die wissen möchte, wer schon zu Ostzeiten hier gewohnt hat."

Der Kopf beugte sich etwas weiter aus dem Fenster.

„Ja, habe ich. Warum?"

Die Stimme klang erstaunlich fest.

„Sagt ihnen der Name Sylvia Müller etwas?"

Einen Augenblick dachte Kate, die alte Dame hätte ihre Frage nicht verstanden, dann sah sie, wie der Kopf zurückgezogen und das Fenster zugeknallt wurde. Erstaunt sahen sich die drei Frauen an.

Aber ehe eine von ihnen etwas sagen konnte, waren im Treppenhaus Schritte zu hören.

Am Geländer stand eine kleine, kompakte alte Frau und sah Kate aus wachen Augen an.

„Warum wollen sie das wissen?"

Kate trat etwas näher und reichte auch ihr eine Visitenkarte.

„Kate Schulz, private Ermittlungen. Frau Weck,

geborene Sylvia Müller, war das Opfer einer Entführung und ihr Mann hat mich beauftragt, die eventuellen Hintergründe herauszufinden."

Die alte Dame drehte die Karte langsam in der Hand hin und her und musterte Kate von oben bis unten.

„Eine Entführung? Ermittelt da nicht die Polizei?"

Kate lächelte in sich hinein. Diese Frau Baumgärtel ließ sich wohl nicht so schnell etwas vormachen. In Zeiten von Enkeltrickbetrügern und ähnlichem ein eindeutiger Vorteil.

„Frau Weck ist außer Lebensgefahr. Natürlich ermittelt auch die Polizei, aber eben in eine andere Richtung. Ich verstehe ihre Bedenken. Rufen sie doch bitte im Polizeipräsidium an und verlangen sie Hauptkommissar Köhler oder Kommissarin Jäger. Die bestätigen ihnen gern, dass ich wirklich die bin, die ich vorzugeben behaupte."

Die alte Dame nickte und sah zu den beiden jungen Frauen, die noch immer auf dem Podest standen und interessiert den Wortwechsel lauschten.

„Naja", sagte Frau Baumgärtel zu den beiden. „Also wie eine Betrügerin sieht sie nicht aus, oder was meint ihr?"

Als die beiden lächelnd den Kopf schüttelten, winkte sie Kate zu.

„Dann kommen sie mal mit hoch zu mir, junge Frau."

Als Kate nach ihr die sehr saubere und behaglich eingerichtete Wohnung betrat und im Wohnzimmer Platz genommen hatte, sagte die alte Dame: „Soso, für die Sylvia Müller interessieren sie sich also?"

Dann stellte sie zwei Gläser auf den Tisch und goss ihnen Mineralwasser ein.

Kate beugte sich etwas nach vorn.

„Sie erinnern sich also an Sylvia Müller und sie hat hier in diesem Haus gewohnt?"

Die alte Dame, die jetzt ebenfalls Platz genommen hatte, nickte.

„Ja, im Erdgeschoss hat sie gewohnt, hinten raus."

Um sicher zu gehen, dass es auch die gleiche Person war, von der sie sprachen, fragte Kate: „Wissen sie, was sie beruflich gemacht hat?"

„Physiotherapeutin, drüben im Krankenhaus."

Die Antwort kam wie aus der Pistole geschossen. Dann erhob sich die alte Dame.

„Ich habe sogar noch ein Bild von ihr, von einem Hausgemeinschaftsfest. Ich weiß nicht einmal, ob Kai mit drauf ist."

„Kai?" Als Kate sie fragend ansah, lächelte sie.

„Also kennen sie wohl doch nicht die ganze Geschichte?"

Kapitel 8

Als Kate das Krankenzimmer betrat, sah sie als erstes den wundervollen gelben Rosenstrauß, der auf dem Nachttisch stand und den gesamten Raum in einen sanften Duft hüllte, den man in einem Krankenhaus so nicht erwarten würde.

Berny Weck saß am Bett seiner Frau, die noch immer auf der Seite lag, sicher um ihr Gesäß zu entlasten.

Allerdings hielt sich Kates Mitleid in Grenzen. Scheinbar war das ihrer Miene abzulesen, denn Berny Weck stand auf und ging auf sie zu.

„Frau Schulz, guten Tag. Gibt es etwas Neues?", fragte er, aber seine Stimme hatte einen leichten Anklang von Besorgnis, als ahne er, dass etwas nicht stimmte.

Dann sah er zu seiner Frau. „Sylvia, das ist Frau Schulz von Schulz Security, ich hatte dir von ihr erzählt."

Kate nickte ihm zu und trat so an das Bett, dass Sylvia Weck sie sehen konnte. Auch diese schien zu spüren, dass etwas in der Luft lag und rollte sich mit schmerzverzerrter Miene auf den Rücken und ließ das Kopfoberteil etwas in die Höhe fahren.

Scheinbar wollte sie nicht, dass sie mit der Frau, die sie mit einer geradezu eisigen Miene ansah, in einer liegenden Position sprechen musste.

Ihr Mann trat ebenfalls an das Bett und sah sie besorgt an.

„Sylvia, du solltest…"

Er brach ab, als Kate eine Fotografie in schwarz- weiß aus ihrer Tasche zog und sie Frau Weck hinhielt.

„Erkennen sie sich auf dem Bild?", fragte sie, ohne sich mit einer Vorrede aufzuhalten.

Diese nahm das Bild, sah es an und zuckte mit den Schultern.

„Nein, sollte ich?"

Kate musste zugeben, dass sie dieses Pokerface, dass Sylvia Weck aufsetzte, bewunderte. Scheinbar war sie wirklich nicht so leicht aus der Ruhe zu bringen.

Diese gab Kate das Bild zurück und fuhr sich durch ihr sorgfältig frisiertes Haar.

In diesem Moment nahm Berny Weck das Bild in die Hand und sah es an.

„Natürlich bist du das. Das muss zu der Zeit gewesen sein als wir uns kennenlernten. Ich kann mich sogar an diese Bluse erinnern, hellblau war sie, mit dunkelblauen Streifen."

Seine Frau verzog noch immer keine Miene, aber er sah Kate an.

„Woher haben sie denn das Bild?"

Er lächelte und schüttelte den Kopf.

„Mein Gott, das ist ja schon eine kleine Ewigkeit her."
Kate sah Sylvia Weck intensiv an, aber diese wich ihrem Blick nicht aus.

„Wo ist ihr Sohn jetzt, Frau Weck?", fragte sie und Berny Weck runzelte leicht die Stirn. Auf so eine Frage war er jetzt überhaupt nicht eingestellt.

„Raymond ist in Kanada, das hatte ich ihnen doch gesagt, Frau Schulz. Wieso?"

Kate nahm ihren Blick nicht von Sylvia Weck.

„Ich meine ihren Sohn Kai."

Jetzt hatte sie Berny Wecks volle Aufmerksamkeit.

Er sah sie an, als sei sie nicht bei Verstand.

„Kai? Wer soll das sein?", fragte er und sah zwischen Kate und seiner Frau ratlos hin und her.

Kate tippte auf das Foto, dass er noch immer in der Hand hielt.

„Dieses Bild wurde bei einem Hausgemeinschaftsfest in der Hausnerstraße aufgenommen, wo damals, 1989, Frau Sylvia Müller wohnte. Ihre ehemalige Mitbewohnerin, Frau Baumgärtel, lebt immer noch in dem Haus und ihr Gedächtnis ist noch absolut intakt, trotz ihrer 88 Jahre. Sie hat sogar das Fotoalbum gefunden mit diesem Bild."

Berny Weck runzelte die Stirn und sah auf das Bild und dann seine Frau an, die immer noch, scheinbar völlig emotionslos, Kate anstarrte.

„Aber", stammelte er. „Du hast doch gesagt, deine Mutter und du, ihr wohnt in der Schlossstraße…"

Kate schüttelte den Kopf.

„Nein, Herr Weck. Frau Sylvia Müller hat nie in der Schlossstraße gewohnt und schon gar nicht mit ihrer Mutter. Sie wohnte mit ihrem kleinen Sohn Kai in der Hausnerstraße."

Dabei deutete sie auf das Bild, das er immer noch krampfhaft in der Hand hielt.

„Und wissen sie, an was sich Frau Baumgärtel auch noch erinnert hat?"

Kate sah wieder Sylvia Weck an.

„Das sie ihren kleinen Sohn mehrmals die Woche allein ließen. Er weinte dann oft stundenlang. Und schließlich kamen sie gar nicht mehr heim. Aber das wurde erst nach Tagen entdeckt, weil der Kleine in seinen Fläschchen, die im Bett lagen, nicht nur Milch, sondern auch jeweils eine Dosis Faustan hatte, die ihn ruhig hielten. Frau Baumgärtel kam es komisch vor, dass so viele Fliegen aus dem Kinderzimmerfenster kamen, da hat sie die Polizei gerufen."

Kate sah zu Berny Weck, der entsetzt seine Frau anstarrte, die noch immer, ohne eine Miene zu verziehen, Kate ansah.

„Sie hat den Jungen tagelang in seinen eigenen Exkrementen liegen lassen und ist zu ihnen nach Mannheim gereist. Der kleine Kai wurde in die Obhut des Jugendamtes gegeben und in einem Kinderheim untergebracht. Es gibt ausreichend Beweise dafür, Herr Weck, es sind keine haltlosen Anschuldigungen. Zur Wende sind in Plauen einige Kinder unterschiedlichsten Alters zurückgelassen worden, meistens von ihren Müttern, die im Westen ein neues Leben anfangen wollten. Nicht in der Größenordnung wie in Berlin oder Leipzig, aber das gab es auch hier. Und jetzt gibt es jemand, der sich dafür rächt."

Sie nahm Berny Weck das Foto aus der Hand, was er sich willenlos gefallen ließ. Er tat ihr in diesem Moment leid, aber waren ihm wirklich niemals Zweifel gekommen? Er hatte nie jemand aus der Familie seiner Frau kennengelernt, nie ehemalige Freunde.

Kein Wunder, dass sie nicht von der Idee begeistert

war, so nahe wieder an ihren damaligen Wohnort zu ziehen. Dieser sah jetzt seine Frau an, die bisher zu den Anschuldigungen geschwiegen hatte.

„Sylvia, nun sag doch etwas."

Sein Tonfall war bittend, als warte er nur auf das eine erlösende Wort, dass dies alles nicht stimmte. Aber es kam nicht, nur ein Schweigen und ein Blick auf Kate, der Bände sprach.

Berny Weck schüttelte den Kopf.

„Ich muss…erst einmal hier raus", murmelte er fast wie zu sich selbst und wandte sich zur Tür.

Kate folgte ihm, für sie gab es jetzt hier nichts mehr zu tun. Draußen vor der Tür sah der Arzt sie an.

„Was passiert jetzt?", fragte er.

Kate zuckte die Schultern.

„Die Sache ist verjährt. Ihrer Frau drohen keine juristischen Konsequenzen. Wer allerdings der Täter war, dass muss die Polizei herausfinden."

Gerade wollte Berny Weck weiterfragen, als aus dem Zimmer hinter ihnen ein lauter Knall, gefolgt von einem Scheppern dröhnte. Er zuckte zusammen, aber Kate riss die Tür auf.

Wasser tropfte vom Türrahmen, darunter lagen, in einem Meer von Scherben, die herrlich duftenden gelben Rosen.

Kate hatte gerade das Krankenhaus verlassen, als Steven sie anrief.

„Ich habe einiges herausgefunden, kannst du vorbeikommen?"

Kate lief zu ihrem Auto.

„Bin in spätestens einer viertel Stunde da", sagte sie und stieg ein.

„Dann setze ich schon mal Kaffee an", versprach Steven, was Kate ein Lächeln entlockte.

Steven, der passionierte Teetrinker, verfügte über eine Hightech Kaffeemaschine und dazu einen Vorrat an Kaffee aus Kates Lieblingskaffeerösterei.

Er hatte immer gesagt, das sei nur, weil sie ihm so oft dienstliche Besuche abstattete, aber neuerdings hatte er noch jemand, der diesen Kaffee mindestens genauso mochte wie Kate.

Annalena „Abby" Heimat, Kates ehemalige Mitarbeiterin und jetzt Studentin der Psychologie, war seit kurzem mit Steven liiert, eine Tatsache, die Kate mehr als freute, denn schon seit langem hatte dieser ernste Gefühle, für die doch recht unkonventionelle junge Frau entwickelt.

Dank eines geringen Verkehrsaufkommens und das sie schnell einen Parkplatz fand, stand sie keine viertel Stunde später vor Stevens Tür.

Dieser hatte, wie versprochen, den Kaffee fertig und servierte ihn am Tisch vor der kleinen Balkontür, von dem aus man einen gigantischen Blick über das gesamte Plauener Westend hatte.

Steven, an dessen noch feuchtem Haar sie sah, dass

er wahrscheinlich nach seiner Joggingrunde gerade geduscht hatte, ließ sich ihr gegenüber nieder und öffnete seinen Laptop.

„Weißt du, wo ich gerade war?", fragte Kate ihn und er sah sie fragend an.

„Erst einmal bei der ehemaligen Adresse von Frau Weck und siehe da, dort lebte noch eine alte Dame, Frau Baumgärtel. Sie hat sich noch genau erinnert, dass Frau Weck, damals noch Müller, einen kleinen Sohn hatte, Kai. Ihn hat sie allein in der Wohnung zurückgelassen und ist zu ihrem Freund, Berny Weck, nach Mannheim. Der weiß davon nichts und war völlig entsetzt, als ich ihn und seine Frau gerade im Krankenhaus mit den Tatsachen konfrontiert habe."

Steven schüttelte den Kopf.

„Na toll. Und ich recherchiere hier wie ein Wilder und du weißt schon alles."

Frustriert ließ er sich auf seinem Stuhl zurückfallen.

Kate sah ihn an und lächelte entschuldigend.

„Ich weiß nicht alles, nur das, was mir Frau Baumgärtel erzählt hat. Also bitte."

Sie deutete auf Stevens Laptop.

Dieser seufzte. „Also gut. Sylvia Weck geborene Müller hatte einen Sohn Kai, der, nachdem man ihn aus der Wohnung befreit und im Kinderkrankenhaus behandelt hatte, in die Obhut des Jugendamtes gegeben wurde. Er kam kurzzeitig in ein Kinderheim, wurde aber nur ein Vierteljahr später in eine Pflegefamilie nach Hamburg gegeben, die ihn schließlich adoptierte. Kai hatte damit wahrscheinlich riesiges Glück, denn Herr und Frau Hansen waren damals schon Mitte fünfzig, nicht unvermögend, hatten keine eigenen Kinder und umsorgten den Kleinen sehr liebevoll. Er machte Abitur, studierte und ist heute im Vorstand einer angesehenen Hamburger Privatbank. Es ist ihm bekannt, dass er adoptiert wurde. Er hat aber nie Kontakt zu seiner leiblichen Mutter gesucht, auch nicht nach dem Tod seiner Adoptiveltern. Er ist verheiratet und seine Frau erwartet ihr erstes Kind."

Er sah Kate an, die in die Hände klatschte.

„Top recherchiert."

Steven grinste schief.

„Ja, ja. Aber das Wichtigste zum Schluss. In der fraglichen Zeit, als seine Mutter gefangen gehalten wurde, war er dienstlich in Singapur. Es gibt online diverse Artikel dazu, sogar in der Financial Times inklusive Fotos. Damit ist er wohl raus."

Kate nickte.

Steven hob die Hand.

„Ich habe noch etwas anderes herausgefunden. Es gibt einen Verein. Verlassene Kinder der DDR e.V., dort ist Kai Hansen zwar kein aktives Mitglied, hat aber einige nicht unwesentliche Spenden getätigt. Es war nicht einfach, an die Mitgliederliste heranzukommen."

Steven machte eine Pause und sah das Lächeln seiner Chefin.

„Aber für dich doch nicht", murmelte diese und nahm einen Schluck von ihrem Kaffee.

Steven machte eine vielsagende Geste. Kate hob die

Hand und griff zu ihrem iPhone.

„Sorry, aber ich möchte nur Mike schnell ein Update geben über das, was du herausbekommen hast."

Steven zuckte die Schultern. „Naja, ich habe das meiste schon heute Vormittag Frank auf den Rechner gespielt, aber nur zu."

Er erhob sich und ging kurz hinaus. Als er zurückkam, hatte Kate schon das Gespräch beendet. Er nahm wieder Platz und sah auf seinen Laptop.

„Ich weiß übrigens auch, dass die Polizei neben dieser Dagmar Greiner auch noch eine Sabine Gluck sucht."

Kate verkniff sich die Frage, woher er das wusste, hoffte aber im Inneren, dass es der gute Kontakt zu Frank Keilwert, dem Hauptkommissar des Fachbereichs Internetkriminalität war.

Mit diesem arbeitete er seit dem Fall des anonym im Netz agierenden, modernen Robin Hood namens Wulf sehr eng zusammen, aber trotzdem konnte er oft der Versuchung nicht widerstehen, sich mal eben in den Polizeiserver einzuhacken, meist um Frank Keilwert anschließend einen Tipp zu geben, um diese Sicherheitslücke zu schließen.

„Der Sohn von Dagmar Greiner, geborene Kunze wurde ebenfalls adoptiert, wohnt aber noch in der Region, im oberen Vogtland. Er heißt Mirko Stange, ist verheiratet, zwei Kinder und betreibt mit seiner Frau einen Biobauernhof bei Sohl. Er ist Mitglied in diesem Verein Verlassene Kinder der DDR e.V. Dann wäre noch Kevin Gluck, der Sohn von Sabine Gluck.

Er wohnte noch hier in Plauen und war auch Mit-
glied des Vereins."

Kate zog die Stirn kraus und sah Steven an.

„War?", fragte sie nach.

Steven nickte.

„Ja, bis vor drei Monaten. Dann hat er sich suizidiert.
Er hat seinen Abschiedsbrief sogar auf die geschlos-
sene Seite des Vereins gestellt. Scheinbar hat er sein
traumatisches Kindheitserlebnis nie verarbeiten kön-
nen, trotz psychotherapeutischer Behandlung."

Kate stieß leise Luft aus und ließ sich in dem Sessel
zurückfallen.

„Das ist heftig", sagte sie.

Steven nickte.

„Ja, er hat sich stranguliert. Steht auch in den Polizei-
akten zur Auffindesituation."

Kate beugte sich nach vorn. „Wo?", fragte sie.

Steven sah sie verwirrt an. „Was wo?"

Sie machte eine ungeduldige Handbewegung.

„Ich meine, der Ort. Wo hat er sich stranguliert? Zu
Hause?"

Steven schaute auf seinen Laptop.

„Oje, das ist schon etwas bizarr. Hier steht, in einer
ehemaligen Leichenhalle."

Jetzt wirkte Kate alarmiert. „Ehemalige? Wo ist die?"

Steven sah sie verblüfft an. „Na auf dem Friedhof II."

Kate sprang auf und zog ihr iPhone aus der Tasche.

„Ich muss sofort Mike noch einmal anrufen", sagte
sie und schloss kurz die Augen. „Hoffentlich ist es
nicht schon zu spät."

Kapitel 9

Marianne Jäger kam mit drei hauchdünnen, leicht vergilbten Akten in den Beratungsraum und legte sie vor sich ab. Mike sah an ihrem Gesicht, das sie einen Durchbruch in diesem Fall zu verkünden hatte. „Dank Steven Neubauers Recherchen und der Tatsache, dass er diese sofort an Frank Keilwert geschickt hat, haben wir endlich die entscheidenden Hinweise. Silvia Weck, geborene Müller, hat ihren damals knapp einjährigen Sohn Kai im November 1989 allein in der Wohnung zurückgelassen und ist zu ihrem späteren Mann nach Mannheim gereist. Kai wurde ein paar Tage später gefunden, er lag in seinen eigenen Exkrementen, im Bett einige leere Babyflaschen. Scheinbar hatte sie die Babynahrung mit Faustan versetzt, dass das Kind nicht schrie und so auf sich aufmerksam machen konnte."

Sie sah zu Omar, der entsetzt den Kopf schüttelte. „Das war leider kein Einzelfall. Man hat später in Studien festgestellt, dass wahrscheinlich hunderte von Kindern von ihren Eltern, zumeist waren es aber die Mütter, Ende 1989 zurückgelassen wurden, als diese sich im Westen ein neues Leben aufbauen wollten. Berlin war dabei scheinbar eine Hochburg, aber auch andere Städte. In Plauen habe ich bisher vier Fälle finden können. Sylvia Müller, jetzt Weck. Dann eine Gerlinde Roth, sie ist bereits verstorben. Sie hatte ihre zwei Kinder zurückgelassen, eine dreijährige Tochter und einen fünfjährigen Sohn. Beide wurden

84

aber scheinbar schon zwei Tage später von der Groß-
mutter gefunden und auch, nach einem kurzen Auf-
enthalt im Kinderheim, in deren Obhut gegeben.
Dann unsere Frau Greiner, damals noch Dagmar
Kunze. Ihr Sohn Mirko, knapp drei Jahre, wurde halb
verhungert in einer völlig verwahrlosten Wohnung
aufgefunden. Er war in einem wirklich kritischen Zu-
stand, hat aber überlebt. Und dann haben wir noch
eine Sabine Gluck. Über sie habe ich noch nichts her-
ausgefunden, bin aber dran. Ihr sechs Jahre alter
Sohn war wochenlang allein in dem kleinen Haus, in
dem sie lebten. Er hatte sich dort regelrecht ver-
schanzt. Konserven waren wohl vorhanden, laut Ju-
gendamt war er nur völlig verdreckt und verängstigt,
aber weder sichtlich unterernährt noch dehydriert. Er
wurde dann, wie die anderen Kinder auch, erst ein-
mal der Obhut eines Kinderheimes übergeben."

Mike lehnte sich zurück.

„Und jetzt nimmt jemand nach all den Jahren Ra-
che?"

Marianne nickte. „So sieht es zumindest aus."

Omar hatte seine Sprache scheinbar jetzt erst wieder-
gefunden. Es war ihm anzusehen, wie ihn das, was er
eben gehört hatte, zusetzte.

„Jetzt wissen wir auch, warum diese beiden Frauen,
obwohl sie eine Ahnung haben mussten, nichts ge-
sagt haben."

Frieder Lein sah den Rechtsmediziner stirnrunzelnd
an.

„Aber der Tatbestand der Verletzung der Fürsorge-

und Erziehungspflicht ist doch längst verjährt?"

Omar zog die buschigen Brauen nach oben.

„Das schon, aber beide sind verheiratet und haben ihren Männern nicht nur ihre Kinder, sondern auch die Tatsache verschwiegen, dass sie sie wie Sperrmüll entsorgten."

Er schüttelte wieder den Kopf, als könne er die eben gehörten Fakten immer noch nicht glauben.

Mike deutete auf die Akten, die vor Marianne Jäger lagen.

„Was ist mit dieser dritten Frau?"

„Sabine Gluck? Wie gesagt, über sie habe ich noch nichts herausgefunden, bin aber dran."

Sie sah Mike stirnrunzelnd an und dieser nickte.

„Es ist zu befürchten das sie das nächste Opfer sein könnte."

Dann erhob er sich. „Gut. Marianne, versuche bitte, mehr über sie herauszufinden."

Er bedankte sich bei den anderen und ging mit Marianne hinüber in sein Büro, um weitere Schritte kurz zu besprechen, als sein Smartphone klingelte.

Marianne wollte das Zimmer verlassen, aber Mike deutete ihr zu bleiben.

„Es ist Kate", sagte er leise und hörte sichtlich gespannt zu, was diese ihm sagte.

Als er das Gespräch beendete, runzelte er leicht die Stirn. Die Suche nach Sabine Gluck nahm jetzt eine ganz andere Dimension an.

Diese war als letztes in Hof gemeldet gewesen, das hatte schon Steven herausgefunden.

„Setzt du dich mit den dortigen Kollegen in Verbin-
dung?", fragte Mike, nachdem er Marianne einen
kurzen Überblick über Kates und Stevens Recherchen
im Fall Gluck gegeben hatte.

Diese eilte sofort in ihr Büro.

Diese Entwicklung, wie Kate sie ihm eben am Telefon
in der ihr eigenen kurzen und klaren Zusammenfas-
sung der Fakten geschildert hatte, hinterließ bei Mike
ein mulmiges Gefühl.

Er wollte sie noch einmal zurückrufen, als Kate von
selbst anrief. Was sie ihm jetzt sagte, verschlug ihm
glatt die Sprache. Er wollte gerade in Marianne Jägers
Büro, als diese regelrecht zu Tür hereinstürmte.

„Ich habe eben mit den Kollegen in Hof gesprochen.
Seit drei Tagen liegt eine Vermisstenmeldung vor.
Der Lebensgefährte von Sabine Gluck ist besorgt,
weil sie scheinbar spurlos verschwunden ist. Er sagte
auch, dass sie chronisch krank und auf Medikamente
angewiesen ist, die sie aber nicht dabeihat."

Mike sprang auf.

„Scheiße", sagte er laut und Marianne sah ihn er-
staunt an. Es war wirklich nicht seine Art, solche
Ausdrücke zu gebrauchen.

„Kate hat mich gerade noch einmal angerufen. Steven
war schon wieder etwas schneller als wir. Kevin
Gluck, der Sohn von Sabine Gluck, hat sich vor drei
Monaten stranguliert, und zwar in der ehemaligen
Leichenhalle des Friedhof 2, dem jetzigen Arbore-
tum."

Jetzt verstand Marianne Jäger seine Erregung.

„Soll ich eine Streife…"

Mike nickte und riss seine Jacke vom Haken.

„Ja und ich fahre auch gleich hin. Ruf die Stadtverwaltung an das sie uns Zutritt gewähren. Umgehend."

Damit war er schon zur Tür hinaus.

Als er im Hof ankam, standen bereits zwei Beamte an einem Streifenwagen. Sie nickten sich kurz zu und der Ältere fragte Mike: „Wollen sie gleich mit uns mitfahren, Herr Hauptkommissar?"

Der schüttelte den Kopf.

„Danke, ich fahre mit meinem eigenen Wagen. Falls es doch falscher Alarm sein sollte, jedenfalls hoffe ich es."

Während der Fahrt Richtung Preiselpöhl grübelte Mike immer wieder darüber nach, was Kate ihm vorhin gesagt hatte. Wer steckte hinter dieser ganzen Sache und was hatte der Täter mit Sabine Gluck angestellt? Warum dieser Clown?

Der Anruf von Marianne Jäger schreckte ihn in Höhe der August-Bebel-Straße aus seinen Gedanken.

„Die Stadtverwaltung kann niemand so schnell schicken", begann sie.

„Das ist ja mal wieder klar", brummte er.

„Aber", fuhr Marianne fort. „Das Tor ist offen und für den Notfall ist ein Schlüssel in einem kleinen Safe an der hinteren Wand hinterlegt. Ich habe den Zahlencode. Ich schicke ihn dir."

„Na, das ist doch was, danke."

Er beendete das Gespräch und stoppte sein Auto

neben dem Streifenwagen auf dem kleinen Parkplatz.
Dann wandte er sich an die beiden Beamten.

„Schauen wir uns erst einmal um."

Stumm folgten die beiden ihm über den Hauptweg
und wie Marianne gesagt hatte, konnte er den Schlüs-
sel aus dem Safe entnehmen.

Er öffnete die Eingangstür und nickte dem Jüngeren
der beiden Polizisten zu, der eine Taschenlampe in
der Hand hielt. Langsam gingen sie vorwärts. Nach
einer Weile sahen sie sich im Schein der Lampe an.
Der üble Geruch nahm immer mehr zu, je tiefer sie in
das Gebäude eindrangen.

„Vielleicht eine tote Ratte?", meinte der Ältere, aber
schon an seinem Tonfall merkte Mike, dass er selbst
nicht daran glaubte.

„Ach du Schande", entfuhr es ihm, als im Lichtkegel
der Lampe zwei Beine sichtbar wurden, die mindes-
tens einen Meter über dem Boden baumelten.

Darunter lag ein umgekippter Stuhl und eine Lache
einer undefinierbaren Flüssigkeit.

Mike, der versuchte nicht tief einzuatmen, nahm dem
jüngeren Beamten die Taschenlampe aus der Hand
und leuchtete nach oben.

An einem leicht rostigen, aber scheinbar stabilen Ha-
ken hing ein Seil und daran aufgeknüpft der Leich-
nam einer Frau.

Obwohl das Gesicht fast schwarz und damit un-
kenntlich war, bestand für Mike kein Zweifel. Das
war Sabine Gluck.

„Rufen sie die Spurensicherung", sagte er zu den

beiden Beamten und deutete nach draußen.

„Hier können wir nichts mehr tun."

Ehe er den Strahl der Taschenlampe von dem Leichnam wegdrehte, sah er noch eine Clownspuppe, die direkt gegenüber der Leiche hing.

Omar Amri sah von Mike zu den anderen Mitarbeitern der Sonderkommission und räusperte sich.

„Also, Frau Gluck war, nachdem ihr sie gefunden habt, mit Sicherheit plus minus 72 Stunden tot. Der Tod trat durch Kompression der Halsarterien, also durch Ersticken ein, nicht durch Genickbruch. Es war kein sehr schneller Tod. Im Übrigen hat sie sich mit 99% Wahrscheinlichkeit selbst stranguliert."

Ein Raunen ging durch den Raum und Omar bemerkte, wie Mike ihn ansah, als sei er komplett verrückt geworden.

„Ich sage deshalb 99%, weil das toxikologische Gutachten noch nicht komplett abgeschlossen ist. Ich konnte weder fremde DNA noch irgendeine Form der Gewalteinwirkung an dem Leichnam feststellen", fuhr der Rechtsmediziner fort.

„Du kannst uns doch nicht erzählen, dass Sabine Gluck sich von allein stranguliert und vorher diesen Clown aufgehängt hat?"

Es war Mike anzuhören, wie fassungslos er war.

„Vielleicht war sie auch für die beiden Entführungen verantwortlich und hat jetzt einfach Schluss gemacht?", wandte Frieder Lein ein.

Omar schüttelte den Kopf.

„Das glaube ich kaum. Frau Gluck war eine schwerkranke Frau. Sie hatte Krebs im Endstadium. Ich habe mit ihrem behandelnden Onkologen gesprochen. Sie hätte allenfalls noch drei Monate zu leben gehabt, eher weniger. Allein die Tatsache, Sylvia Weck halb betäubt aus dem Auto zu hieven und in einem Sack oder mit einer Decke in den zweiten Stock des Hauses hinaufzuziehen, hätte sie kräftemäßig völlig überfordert."

Marianne Jäger beugte sich etwas nach vorn.

„Außerdem hat die kleine Claire Maulhardt diesen Clown in etwa so groß wie die Leiterin der Kindereinrichtung beschrieben und die ist knapp über 160 cm groß, Frau Gluck allerdings über 175 cm."

Mike winkte ab.

„Ein Kind als Zeuge und dann noch eine genaue Größenbeschreibung? Gut, was Omar sagt will ich jetzt nicht in Frage stellen, aber warum sollte die Frau sich selbst umbringen? Noch dazu an dem Ort, wo sich drei Monate vorher ihr Sohn umgebracht hat, zu dem sie keinen Kontakt hatte?"

Omar lehnte sich etwas zurück und spielte mit seinem halb leeren Wasserglas.

„Ich sagte, keine körperliche Fremdeinwirkung."

Mike zog die Brauen nach oben.

„Du denkst, jemand hat sie gezwungen?"

Der Arzt zuckte die Schultern.

„Das herauszufinden ist eure Sache. Ich kann euch nur die Fakten liefern und so sind sie nun einmal. Nachweislich keine körperliche Gewaltanwendung."

Mike sah zu Karsten Windisch, den Leiter der Spurensicherung.

Dieser sah ausgesprochen betrübt aus.

„Weißt du, was an diesem Fall echt Mist ist, Mike? Es sind tausende Spuren vorhanden. Erst diese beiden verlassenen und verwahrlosten Wohnungen und jetzt eine ehemalige Leichenhalle, die jetzt als öffentlicher Raum genutzt wird. Außerdem war es in den vergangenen Wochen salztrocken, daher keine Fußspuren oder sonst etwas."

Er schüttelte den Kopf und holte tief Luft.

„Also, ich kann mich Omar nur anschließen. Nach der Auffindesituation gibt es keinen Hinweis auf Fremdeinwirkung. Der Stuhl gehörte zur Bestuhlung des Raumes, das Seil ist ein handelsübliches Hanf-Polyestergemisch, das gibt es in jedem Baumarkt. Es hat jedenfalls keine Spezifität. An ihren Händen sind Spuren des Seiles nachweisbar, auch unter den Fingernägeln. Interessant ist wieder der Clown, absolut mit den beiden anderen Puppen identisch."

Er sah zu Frank Keilwert hinüber, der auf der anderen Seite des Beratungstisches saß.

„Ihr solltet mal das Internet durchforsten, wo es solche DDR- Clownspuppen noch zu kaufen gibt."

Mike nickte ihm zu und ergänzte: „Wir müssen an diesen Verein heran, den Steven Neubauer da ausgemacht hat."

Dann sah er noch einmal in die Runde.

„Ich bin überzeugt, dass Sabine Gluck gezwungen wurde sich zu strangulieren."

„Nur das müssen wir beweisen", sagte Marianne Jäger in dem ihr eigenen, ruhigen Tonfall.

„Denn dann geht es nicht mehr nur um zwei Entführungen mit Körperverletzung, sondern um ein Tötungsdelikt."

Kapitel 10

Kate erinnerte sich, wann sie das letzte Mal diese Strecke gefahren war. In einem von der Schule gemieteten Bus, auf dem Weg ins Bauernmuseum nach Landwüst.

Es war ein heißer Sommertag und sie wäre lieber mit ihren Freunden im Freibad beim Schwimmen gewesen.

Aber es war dann doch noch ein schöner Tag geworden, mit Picknick und jeder Menge an interessanten Dingen aus der Vergangenheit, die die Kinder bestaunen konnten. Seltsam, dass sie sich jetzt wieder daran erinnerte.

Kate lächelte vor sich hin, während im Autoradio ein Song von Neil Young lief. Dann bog sie in Richtung Sohl von der Straße ab.

Ihr Navigationssystem führte sie über einige sehr schmale Straßen in ein, so schien es ihr, absolutes Niemandsland. Aber dann tauchte hinter einer Anhöhe ein überraschend gepflegter Vierseitenhof auf, mit einem ansprechenden Schild, das mitteilte, was man im hofeigenen Laden alles erwerben konnte.

Kate stellte ihr Auto ab, stieg aus und wurde von einem Berner Sennenhund begrüßt, der auf sie zu tapste, sie beschnupperte und anschließend ihre Hand entzückt leckte.

„Roy, aus.“

Eine schlanke, blonde junge Frau in Gummistiefeln kam über den Hof und lächelte Kate an.

„Entschuldigen sie, aber scheinbar findet er sie sympathisch."

Kate lächelte zurück und wischte sich die Hand an ihrer Jeans ab.

„Kein Problem", sagte sie.

Die Frau deutete auf den Laden.

„Möchten sie etwas bestimmtes?"

Kate zog eine Visitenkarte aus der Tasche.

„Mein Name ist Kate Schulz, private Ermittlungen. Könnte ich vielleicht ihren Mann sprechen?"

Die Frau sah von der Karte zu Kate und zurück, dann rief sie quer über den Hof: „Mirko, kommst du mal?"

Ein wahrer Hüne kam um die Ecke. Er musste knapp zwei Meter groß und mindestens 250 Pfund schwer sein. Er musterte Kate kurz und reichte ihr seine große, schwielige Hand.

„Ja? Bitte?"

Kate sah zu ihm auf.

„Herr Stange, ich will mich nicht lange mit der Vorrede aufhalten. Ich ermittle derzeit in einem Fall und dabei ist ihr Name aufgetaucht."

Als er sie stirnrunzelnd ansah, beschloss sie, sofort auf den Punkt zu kommen.

„Es geht um das Jahr 1989 und um Mütter, die ihre Kinder in der ehemaligen DDR zurückgelassen haben. Ich weiß, dass sie auch als Kind von ihrer Mutter zurückgelassen und später adoptiert wurden."

Scheinbar hatte er mit allem gerechnet, aber nicht damit. Verstört sah er von Kate zu seiner Frau, die ihre Hände in die Hüften stützte und eine abweisende

95

Miene aufsetzte.

„Frau Schulz, das ist sehr lange her. Was kommen sie jetzt mit diesen alten Geschichten? Ist sie etwa tot und hat meinem Mann etwas vererbt? Wir brauchen nichts."

„Bella", sagte ihr Mann leise und schüttelte den Kopf. Dann sah er Kate an. „Was wollen sie?"

„Ihre…Mutter. Sie wurde entführt und eingesperrt. Man hat sie tagelang hungern lassen und sie ist erst jetzt außer Lebensgefahr."

„Ach?", fiel seine Frau Kate wieder ins Wort. „Dann weiß sie ja endlich, wie es meinem Mann damals gegangen ist, als sie ihn ohne Essen zurückgelassen hat."

„Bella", sagte ihr Mann wieder und obwohl er seine Frau um fast zwei Köpfe überragte, war klar zu erkennen, wer hier die Hosen anhatte.

Kate ignorierte Frau Stange einfach und wandte sich wieder an deren Mann.

„Sie sind im Verein Verlassene Kinder der DDR, habe ich recht?"

Unter der satten Bräune seines Gesichtes wurde der Mann sichtlich blass.

„Woher…woher wissen sie das?"

Kate zuckte leicht die Schultern.

„Recherchen. Das ist mein Job."

In diesem Moment kam ein völlig verdreckter Sechsjähriger um die Scheunenecke herum, hinter sich ein dreijähriges Mädchen herziehend, die noch schlimmer mit einer dunkelbraunen Schicht überzogen war.

„Ach du liebe Zeit."

Plötzlich war Isabell Stange von der ganzen Diskussion abgelenkt und eilte zu ihren Kindern.

„Nina ist auf den Misthaufen geklettert", sagte der Junge kleinlaut, wobei offensichtlich war, dass er scheinbar riesigen Spaß daran gehabt hatte, seine Schwester von dort herunter zu holen.

„Ab unter die Dusche, alle beide."

Sie schob die beiden vor sich her zum Wohngebäude und sah sich in der Tür noch einmal um.

„Mirko, kannst du mir helfen?"

Dieser nickte und sah Kate an.

„Wie gesagt, ich kann ihnen nichts weiter sagen, wir…"

„Herr Stange, Kevin Gluck hat sich vor drei Monaten suizidiert und vor zwei Tagen wurde seine Mutter am gleichen Ort aufgefunden, ebenfalls stranguliert. Ihre leibliche Mutter wurde entführt und ist fast verhungert. Die Mutter von Kai Hansen, dem Mann, der ihren Verein so großzügig unterstützt und selbst ein Betroffener ist, wurde auch entführt und gefangen gehalten. Bitte sagen sie mir jetzt nicht, dass sie das alles nichts angeht."

Sie sah, wie der große Mann schluckte.

„Das mit Kevin, ich meine, dass er sich umgebracht hat, dass…"

Kate sah ihn mit leicht zusammengekniffenen Augen an. „Sie wussten davon, er hat seinen Abschiedsbrief auf ihrer internen Seite gepostet."

„Mirko?"

Isabell Stange stand noch immer in der Tür, ihre vor Dreck triefenden Kinder an der Hand und starrte herüber.

Mirko Stange zuckte leicht zusammen. War es die Tatsache, dass sie wusste, wer was auf einer internen Seite des Vereins gepostet hatte, oder der zunehmend schroffe Ton seiner Frau? Kate nutzte seine scheinbare Verwirrung und trat noch etwas näher an ihn heran.

„Kevin Gluck war in psychologischer Behandlung, seit Jahren. Bei wem?"

In der Hoffnung, so Kate loszuwerden, sah Mirko Stange auf.

„Bei Frau Doktor Gemeinhardt, sie ist Psychologin und Traumatherapeutin."

Kate streckte ihm die Hand entgegen.

„Danke, Herr Stange."

Er ergriff sie, sichtbar erleichtert und sah ihr nach, als sie in ihr Auto stieg.

Nun, Mirko Stange kam, schon aufgrund seiner Größe, als Täter wohl kaum in Frage, aber…?

Sie warf einen letzten Blick auf Isabell Stange, die ihr mit wütender Miene hinterher sah.

Mike sah Kate mit gerunzelter Stirn an.

„Du hast dich ganz schön weit vorgewagt", sagte er und musterte Steven Neubauer, der neben ihm saß. Im Vorraum von Kates Büro klapperten leise Kaffeetassen und dann erschien Chris Töpfer und stellte das Tablett auf dem Tisch ab. „Danke, Chris."

Dieser nickte und schloss die Tür hinter sich. Nachdem Kate allen eingeschenkt hatte, lehnte sie sich zurück und schlug die Beine übereinander.

„Wieso weit vorgewagt? Wenn Omar recht hat und sich Sabine Gluck selbst suizidiert hat, dann hast du relativ wenig Aktionsrahmen."

Mike hob leicht abwehrend die Hand.

„Ich habe immer noch zwei Entführungen mit Körperverletzung aufzuklären."

Kate und Steven wechselten einen kurzen Blick.

„Ja, die eine spricht nicht mit dir und die andere ist immer noch nicht richtig vernehmungsfähig und wenn du mich fragst, wird Dagmar Greiner genau so wenig mit dir sprechen wie Sylvia Weck."

Sie nickte Steven zu, der, wie immer, seinen Laptop vor sich aufgebaut hatte.

„Die Söhne der drei Frauen sind Mitglied in diesem Verein verlassene Kinder der DDR e.V., wobei Kai Hansen eher ein, sagen wir mal, sehr großzügiger Sponsor ist. Der Verein hält sich nach außen relativ bedeckt, eine nichtssagende Homepage, kaum Infos. Es gibt allerdings intern einen sehr regen Austausch und auch der Abschiedsbrief von Kevin Gluck war dort zu finden. Jetzt wird es übrigens interessant.

Nachdem Kate gestern bei diesem Mirko Stange aufgetaucht ist, wurde der Brief sofort herausgenommen und jemand hat sich dran gemacht, die Seiten durch zusätzliche Firewalls zu schützen."

Er lächelte etwas, um auszudrücken, dass diese für ihn allerdings kein nennenswertes Hindernis darstellen würden. Hier fiel Kate wieder ein.

„Auch wenn du auf die Aussage der kleinen Claire nicht so großen Wert legst, aber sie beschrieb den ominösen Clown als nicht sehr groß und schlank."

Sie sah Mike an, der die Schultern leicht nach oben zog.

„Ich streite ja die Existenz dieses Clowns nicht ab, immerhin sagten Sylvia Weck ebenso wie Dagmar Greiner auch etwas von einem Clown. Die Frage ist für mich immer noch, warum rennt jemand in dieser Verkleidung herum, die nun wirklich auffallend ist?"

Kate schüttelte den Kopf. „Vergiss nicht, es war in der Faschingszeit. Daher war die Kostümierung nicht zu seltsam. Trotzdem hat der Clown eine Bedeutung, sonst würde nicht diese Puppe überall an den Tatorten hängen und wir können, und damit komme ich jetzt zu Claires Aussage zurück, einige bereits als potenzielle Täter ausschließen."

Steven starrte wieder auf seinen Laptop.

„Also. Kai Hansen, der Sohn von Sylvia Weck, war zur fraglichen Zeit in Singapur, seine Frau ist im achten Monat schwanger."

Kate hob leicht die Hand. „Mirko Stange ist knapp zwei Meter groß, das kann auch keine Verkleidung verbergen. Aber seine Frau. Die würde von Größe und Gewicht genau der Beschreibung entsprechen."

Mike setzte seine Kaffeetasse ab.

„Und warum? Welches Motiv hätte sie?"

Kate sah ihn an.

„Wenn du erlebt hättest, wie aggressiv sie reagiert hat, als die Sprache auf Mirko Stanges Mutter kam. Das war schon heftig. Sie hätte mich am liebsten von ihrem Hund vom Hof jagen lassen, wenn der Kerl nicht so altersschwach und gutmütig gewesen wäre."

Mike schüttelte den Kopf und sah von Kate zu Steven. „Aber das reicht doch alles nicht."

Dann sah er noch mal zu Kate. „Diese Psychologin?"

Steven tippte eifrig in seinen Laptop.

„Hier ist sie, Frau Doktor Angelika Gemeinhardt. Praxis für Psychotherapie und Traumabewältigung. Annenstraße."

Mike erhob sich. „Gut. Dann werde ich mal bei ihr vorstellig. Vielleicht kann sie mir etwas über Kevin Gluck sagen." Ehe er sich abwenden konnte, hob Steven nochmals kurz die Hand, um seine Aufmerksamkeit auf sich zu ziehen. „Frau Doktor Gemeinhardt ist übrigens auch Mitglied in diesem Verein, natürlich wieder nicht offiziell, zumindest steht sie nicht auf der Homepage. Nur das du es weißt."

Mike klopfte ihm anerkennend auf die Schulter.

„Auch wenn ich es vom dienstlichen Standpunkt nicht sagen sollte, aber du bist schon Klasse."

Er grinste und küsste Kate zum Abschied auf die Wange.

„Frau Doktor Gemeinhardt hat jetzt Zeit für sie."

Die ältere Frau, auf deren Namensschild *Maria Kern* stand, deutete auf eine hellgrüne Tür.

Überhaupt war die gesamte Praxis in hellen Pastellfarben, vorwiegend in Grüntönen, gehalten. Sogar der Kittel von Frau Kern passte in diese Farbkombination.

Mike nickte lächelnd und betrat das Zimmer.

Hinter einem muschelförmigen Schreibtisch erhob sich eine brünette Frau und trat auf ihn zu.

Er schätzte sie auf Mitte bis Ende Fünfzig. Ihr Haar, lässig zu einem Knoten gesteckt, wies bereits einige weiße Strähnen auf. Sie streckte Mike ihre Hand entgegen und der Händedruck war warm und angenehm.

„Guten Tag, Herr Hauptkommissar. Ich muss sagen, ich hatte noch nie jemand von der Kriminalpolizei hier bei mir. Das ist also eine Prämiere für mich. Wie kann ich ihnen helfen?"

Sie deutete auf einen Stuhl, der an einem kleinen Tisch stand und setzte sich ihm gegenüber.

„Frau Doktor, sie haben Kevin Gluck behandelt?"

Ihr eben noch so fröhlicher Gesichtsausdruck wurde betroffen.

„Ja, das habe ich. Obwohl das Wort behandelt sehr medizinisch klingt."

Mike zog etwas die Brauen nach oben.

„Wie würden sie es bezeichnen?"

Sie lehnte sich zurück und räusperte sich.

„Begleitet, unterstützt."

Mike beschloss, nicht näher darauf einzugehen.

„Herr Gluck hat sich vor drei Monaten suizidiert. Können sie mir etwas über den Grund sagen?"

Die Psychologin sah ihn eine Weile an, dann schüttelte sie langsam den Kopf.

„Herr Hauptkommissar, muss ich ihnen den Paragraphen 203 Strafgesetzbuch, Absatz 4, Satz 3 zitieren? Mit Freiheitsstrafe bis zu einem Jahr oder mit Geldstrafe wird bestraft, wer unbefugt ein fremdes Geheimnis offenbart, das ihm bei der Ausübung oder bei Gelegenheit seiner Tätigkeit…"

„Danke, Frau Doktor, danke. Ich kenne den Inhalt", sagte Mike und hatte beide Hände gehoben.

Die Psychologin brach ab und nickte.

„Gut, dann wissen sie, dass dies auch über den Tod meines Klienten hinaus gilt. Ich habe vor, mich daran zu halten."

Mike hatte Mühe, nicht aufzustöhnen. Er hatte nicht erwartet, dass sie sofort blocken würde.

„Wissen sie, seine Mutter, also seine leibliche Mutter, hat sich vor drei Tagen an genau der gleichen Stelle ebenfalls stranguliert."

Die Psychologin riss ihre Augen auf und schluckte hörbar.

„Das ist…wirklich sehr bestürzend", sagte sie leise.

Mike nickte. „Wir wissen nur nicht, ob es tatsächlich ein Suizid war oder ob Frau Gluck genötigt wurde, mit irgendeiner Form von Gewalt, sich das anzutun."

Eine Weile war Stille in dem Raum, dann stand die Psychologin auf und brachte zwei Gläser und eine

Glasflasche mit Mineralwasser.

Langsam schenkte sie ein und nahm wieder Platz.

„Sie vermuten also eine Fremdeinwirkung?", sagte sie schließlich und Mike zuckte leicht die Schultern.

„Ich kann ihnen aus…"

„Aus ermittlungstechnischen Gründen nichts weiter sagen", ergänzte sie und ein kleines Lächeln erschien auf ihrem Gesicht, was sie Mike sofort noch sympathischer machte.

Er nahm einen Schluck aus dem Glas, erhob sich leicht, um sich dann wieder zu setzen. „Noch eine letzte Frage, Frau Doktor Gemeinhardt. Sie betreuen auch den Verein verlassene Kinder der DDR?"

Für eine Moment spürte er, wie sein Gegenüber leicht verunsichert war, dann atmete sie kurz ein und nickte. „Ja, allerdings betreue ich da niemand, wie sie es ausdrücken. Ich bin nur ein Mitglied und Ansprechpartnerin, allerdings nur, wenn es jemand wünscht." Dann sah sie Mike intensiv an.

„Mein Name steht aber nicht auf der Homepage."

Er machte eine kleine Geste mit der Hand.

„Ermittlungen", sagte er betont ruhig und jetzt war es an Angelika Gemeinhardt die Brauen etwas nach oben zu ziehen.

„Herr Hauptkommissar, die interne Mitgliederseite unseres Vereins ist gehackt worden. Ich hoffe doch sehr, dass die Polizei nichts damit zu tun hat?"

Mike schüttelte den Kopf und erhob sich.

Als er ihr zum Abschied die Hand reichte, sagte er: „Nicht nur sie kennen die Gesetze, Frau Doktor."

„Du hast wirklich geglaubt, eine Psychologin gibt dir bereitwillig Auskunft, ganz gleich, ob ihr Patient tot ist oder nicht?"

Omar schüttelte in Mikes Richtung den Kopf und ließ sich von Chris Töpfer noch eine Portion Hühnchen in Curry auflegen, was seine Frau lediglich mit einem kurzen Zucken der Augenbraue kommentierte.

„Also, mein Junge, kochen kannst du. Respekt", sagte der Pathologe zu ihrem Gastgeber und Chris lächelte. Er hatte sein neues Team spontan zu einer kleinen Einstiegsfeier in seine Wohnung eingeladen und dabei ein wirklich einzigartiges Menü zubereitet.

Während die meisten schon beim Dessert waren, sprach Omar noch immer dem Hauptgang zu.

Da er nicht nur ein sehr guter Esser, sondern ein Gourmet war, glich ein Lob von ihm einem Ritterschlag, was Kate Chris zuflüsterte, der daraufhin in Omars Richtung eine tiefe Verbeugung machte.

Kate war froh, dass Chris so schnell seinen Platz im Team gefunden hatte und auch sie sah in ihm eine Bereicherung. Einmal als Kollege, aber auch als Mensch. Seine ausgeglichene Art und sein Hang zu einem feinen Humor machten ihn außerordentlich sympathisch.

„Ein Versuch war es wert", meinte Mike in Antwort auf Omars Frage.

„Ich könnte mich ja um ein Praktikum bei Frau Doktor Gemeinhardt bewerben", warf Abby ein, die neben Steven saß und an einem undefinierbar farbigen Getränk nippte.

Omar warf ihr einen Blick zu.

„Um anschließend von der Uni zu fliegen wegen Verletzung des Datenschutzes?"

Abby rollte die Augen nach oben.

„Es hätte ja nicht gleich rauskommen müssen."

„Im Übrigen", sagte Steven. „Dieser Verein hat eine neue Firewall installiert oder installieren lassen. Aber das ist ein glatter Witz, ich konnte rein und raus marschieren, ohne dass sie mich hätten aufhalten können."

Mike schaute von Abby zu Steven und schüttelte den Kopf.

„Mit euch Halbkriminellen sollte ich nicht mal in einem Raum sein."

Alle lachten und Kate griff nach seiner Hand.

„Sei froh, dass du uns hast. Manchmal ist es doch gut, den nicht ganz offiziellen Weg zu gehen."

Er lehnte sich zurück und sah die anderen an.

„Trotzdem. In diesem Fall kommen und kommen wir nicht weiter. Aber entschuldige, Chris, das gehört heute nun wirklich nicht hier her."

Ihr Gastgeber kam gerade mit einem Tablett voll mit Espressotassen aus der Küche und setzte sie auf dem Tisch ab.

„Nein, nein, ist schon in Ordnung", wehrte er ab und nahm Omars leer gegessenen Teller auf. „Ich finde es faszinierend, dass ihr alle so gut harmoniert."

Mike winkte ab und nahm sich einen Espresso.

„Was wir hier teilweise tun, ist schon nahe an einem Dienstvergehen meinerseits", sagte er und Kate klopfte ihm auf die Schulter.

„Aber da stehst du doch drüber, oder?"

Er wog den Kopf hin und her, während Jasmin von der anderen Seite des Tisches ihr Weinglas in Richtung Mike erhob.

„Komm, unser gesammeltes Schwarmwissen war doch schon einige Male ausschlaggebend für einen Durchbruch in deinen Fällen."

Mit einem entwaffnenden Grinsen neigte er den Kopf leicht in Jasmins Richtung.

„Stimmt, stimmt", gab er zu.

Steven hatte jetzt gar nichts dazu gesagt und spielte an seinem iPhone herum, was ihm einen kleinen Knuff in die Seite von Abby einbrachte. Er hob den Blick.

„Ich bin schon noch an Deck", murmelte er und steckte es in seine Hosentasche. „Wisst ihr, ich denke, die Lösung zu allem liegt in diesem Verein."

„Hört, hört", warf Omar ein und ergriff auch eine der Espressotassen.

Steven ließ sich von dem sarkastischen Einwurf nicht beirren. Er sah zu Mike hinüber.

„Aus den beiden Frauen wirst du nichts mehr herausbekommen, ganz einfach, weil sie auch nichts Konkretes wissen. Ich glaube, dass sie wirklich keine Ahnung haben, wer hinter dieser Maske steckt oder was es mit der Puppe auf sich hat."

Plötzlich war Stille im Raum und alle sahen Steven an.

„Naja", sagte dieser. „Jetzt ist doch alles aufgeflogen,

ich meine, dass sie Kinder hatten und diese hier ein-
fach zurückgelassen haben. Auch ihre Ehemänner
wissen davon. Ganz gleich was sie zu dem Fall jetzt
beitragen könnten, sie könnten es jetzt sagen."

Mike nickte verstehend.

„Also", fuhr Steven fort. „Der Schlüssel liegt in die-
sem Verein, der sich meines Erachtens etwas zu abge-
schottet gibt. Er hat ja -zig Mitglieder im ganzen Bun-
desgebiet, aber nur in Plauen passieren diese Über-
griffe."

„Stimmt", sagte Mike. „Das haben wir bereits über-
prüft, ob es ähnlich gelagerte Fälle gab, aber negativ."

Kate hatte bis jetzt an ihrer Espressotasse herumge-
spielt und sah die beiden Männer an.

„Der Suizid von Kevin Gluck war der Auslöser, da-
von bin ich überzeugt. Irgendetwas hat der bei dem
Täter oder der Täterin ausgelöst", sagte sie schließ-
lich. „Wir sollten sein Umfeld überprüfen, seine Kon-
takte."

Mike zog die Stirn in Falten.

„Wir?", fragte er und erhielt ein Lächeln.

„Natürlich. Sei doch ehrlich, du kannst jetzt wegen
der Entführung und Körperverletzung ermitteln,
aber im Fall Sabine Gluck hast du keinen einzigen Be-
weis auf Fremdeinwirkung. Bei offiziellen Ermittlun-
gen ist dein Aktionsrahmen relativ klein. "

„Aber deiner ist größer?"

Sie nickte und sah Steven an, der sich etwas vor-
beugte.

„Ich habe erst an Kate gedacht, aber leider kennt

Mirko Stange sie jetzt. Da habe ich jemand anderen eine gute Vita verpasst. Jasmin, sie soll die Rolle der damals 3-jährigen Sandra Roth einnehmen. Deren Mutter, Gerlinde Roth, hatte sie und ihren Bruder Falk allein zurückgelassen, weil die auch in den Westen ging. Zwar war es nur eine kurze Heimunterbringung, weil die Großmutter die Geschwister zu sich nahm, aber trotzdem eine schlimme Sache. Das Trauma wirkt noch nach Jahren."

Mike sah von ihm zu Kate und dann zu Jasmin.

„Seid ihr jetzt völlig übergeschnappt? Soll jetzt Jasmin undercover ermitteln mit dem Risiko…"

„Also ich finde auch, dass geht zu weit", dröhnte Omars sonore Stimme durch den Raum.

Jasmin setzte ihr Glas ab und sah alle Anwesenden nacheinander an, am Schluss ihren Ehemann.

„Ich will lediglich in diesen Verein hineinkommen. Mein Gott, jetzt ist es aber gut. Es muss doch schließlich ein bisschen stimmig sein. Steven hat recht, Kate könnte sofort erkannt werden. Die anderen sind alle zu jung, das würde auch auffliegen."

Sie legte ihre Hand auf den Arm ihres Mannes.

„Wenn Kate undercover ermittelt, findest du das gut. Aber bei mir nicht, oder wie?"

Er atmete tief ein.

„Kate war immerhin beim FBI, aber du…"

„Ich bin Angestellte bei Schulz Security, und zwar nicht nur als Bürokraft."

Ihre Stimme war jetzt so laut, dass Chris seinen Kopf aus der Küche steckte und erschrocken alle ansah.

Kate zwinkerte ihm zu und er nickte.

Omar sah zu Mike, der gerade in aller Seelenruhe sein Dessert auslöffelte.

„Sag doch auch mal was", fuhr er ihn an.

Der zuckte die Schultern.

„Ich finde die Idee zunehmend gar nicht so schlecht. Ehrlich gesagt, ich stecke derzeit in einer Sackgasse. Also, wie wollt ihr das anstellen, ohne das die Tarnung auffliegt und sich Jasmin nicht unnötig in Gefahr begibt?"

Kate und Steven sahen sich an und Kate nickte ihm zu.

Dieser setzte sich etwas aufrechter hin.

„Nun, wir haben die echte Sandra Roth ausfindig gemacht, was einfach war, da sie nach einer kurzen Ehe wieder ihren Mädchennamen angenommen hat. Sie wohnt in einem Neubaublock in Halle-Neustadt. Erwerbsunfähigkeitsrente. Ihre Mutter ist ja schon seit vielen Jahren tot, sie hatte auch keinen Kontakt zu ihr. Sie ist mit ihrem Bruder, der vor drei Jahren an Krebs gestorben ist, bei der Großmutter in Plauen aufgewachsen. Die Großmutter ist auch verstorben. Kurzum, Frau Roth hat keine Verwandten mehr, ist aber bereit, an unserer Aktion mitzuwirken."

Er deutete auf Kate, die bescheiden nickte.

„Ich konnte sie überzeugen, zumal sie ein großer Fan von amerikanischen Navy CIS-Serien ist."

Abby und Steven lachten auf.

Schließlich fuhr Steven fort.

„Ich habe also für Jasmin die perfekte Vita inklusive

passender Dokumente, falls es sich erforderlich ma-
chen sollte. Frau Roth ist eingeweiht, also kann fast
nichts schief gehen. Noch heute Abend meldet sie
sich auf der Homepage des Vereins für verlassene
Kinder der DDR an."

Er zwinkerte Jasmin zu und Omar blieb nur noch,
fassungslos den Kopf zu schütteln.

Kapitel 11

Kate und Steven warteten zwei Tage ungeduldig auf irgendeine Reaktion seitens des Vereins, aber bisher noch nichts.

„Sie werden es erst verifizieren. Würde ich genauso machen, schließlich kann ja Frau Roth viel behaupten. Also, üben wir uns in Geduld", sagte Steven zu Kate am Telefon.

Diese seufzte, gab ihm aber recht.

Berny Weck war heute Vormittag bei ihr gewesen, um den Auftrag offiziell zu beenden und um eine Rechnungslegung zu bitten. Er wirkte auf Kate richtiggehend verstört und um Jahre gealtert.

„Wie geht es ihrer Frau?", fragte sie und er schüttelte nur den Kopf.

„Sie wird bald aus der Klinik entlassen", sagte er tonlos.

Schließlich hob er den Kopf und sah Kate an.

„Ich…ich kann ihr das nicht verzeihen. Nicht nur, dass unser Leben auf einer einzigen Lüge aufgebaut war. Wie konnte sie das einem Kind, ihrem eigenen Kind, antun? Sie hätte mir doch sagen können das sie ein Kind hat. Ich hätte den Jungen wie meinen eigenen aufgezogen."

Kate glaubte es ihm, aber scheinbar war sich Sylvia Müller zu diesem Zeitpunkt nicht sicher gewesen.

Sie hatte 1989 nur ein Ziel, die Frau eines angesehenen Augenarztes zu werden. In ihren Augen war das die Freifahrkarte in ein Leben mit einem relativen

Wohlstand. Weg aus einer Zweiraumwohnung mit Ofenheizung und Toilette auf halber Treppe, der Rolle als alleinerziehende Mutter, die von ihren Nachbarn schräg angesehen wurde, wenn sie ihr Leben genießen und abends ausgehen wollte.

Beim Sprung von Sylvia Müller zu Sylvia Weck war ein Kind in ihren Augen nur hinderlich.

Das alles hatte ihr Mann jetzt schmerzlich verstanden.

„Was haben sie jetzt vor, wenn ich das fragen darf?" Er lachte auf, aber sie hörte die Bitternis in seiner Stimme.

„Wir werden uns trennen. Sylvia hat damals auf einem Ehevertrag bestanden, um meinetwillen natürlich, wie sie mir eingeredet hatte. Jetzt verstehe ich erst, dass sie dabei auch ganz gut wegkommt. Ich werde wohl mein Haus verlieren, wenn ich die Praxis nicht aufgeben will."

Er winkte ab.

„Das ist die Strafe für meine Blauäugigkeit, Frau Schulz. Dummheit muss bestraft werden."

Kate goss ihm eine Tasse Kaffee ein und setzte sich ihm wieder gegenüber.

„Ich würde es nun wirklich nicht Dummheit nennen. Aber kam es ihnen nie merkwürdig vor, dass sie keinen aus ihrer Familie und auch ihrem ehemaligen Freundeskreis kennenlernten, zumindest dann, als sie wieder hier lebten?"

Er nahm einen Schluck von dem Kaffee und setzte dann die Tasse ab.

113

„Doch, schon. Aber sie sagte mir immer, sie sei mehr die Einzelgängerin gewesen und halte nichts von Klassentreffen und solchen Dingen. Die wenigen Freunde, die sie gehabt hätte, wären allesamt nicht mehr in Plauen, teilweise nach dem Studium ins Ausland gegangen oder in Großstädte gezogen. Ich habe mich damit zufriedengegeben, weil ich es glauben wollte."

Er erhob sich.

„Danke nochmals, Frau Schulz. Wissen sie inzwischen, wer hinter der Entführung steckte?"

Sie schüttelte bedauernd den Kopf.

Jasmin hatte ihr Haar unter einer brünetten Perücke verborgen. Außerdem trug sie eine schlichte Brille mit schwarzem Gestell und getönten Gläsern, die ihre moosgrüne Augenfarbe verbarg.

Auch ihre Kleidung, bestehend aus einer Stoffhose, absatzlosen Kunstlederschuhen und einem hellbraunen Pullover, entsprachen mitnichten ihrem sonstigen Kleidungsstil. Aber so hatte sie wenigstens eine, wenn auch nur entfernte, Ähnlichkeit mit der realen Sandra Roth.

Es war zwar nahezu undenkbar, dass das wirklich jemand aus der Selbsthilfegruppe überprüfen würde, aber Kate war in dieser Hinsicht gern vorrausschauend und außerdem war Jasmin sonst eine doch sehr auffällige Erscheinung.

Es hatte über eine Woche gedauert, bis man Sandra Roth kontaktiert und zu einem Treffen eingeladen hatte, das am heutigen Abend, ausgerechnet auf dem Hof von Mirko Stange, stattfinden sollte.

Um auch möglichst authentisch rüberzukommen, hatte Steven Jasmin einen älteren Ford Fiesta mit Hallenser Kennzeichen versorgt, den diese mit einem säuerlichen Lächeln in Empfang genommen hatte.

Kurz nach 16.00 Uhr fuhr sie auf dem Hof vor, den sie bereits aus Kates Schilderungen kannte, parkte ein und stieg zögerlich aus.

Eine Frau, von der sich Jasmin sicher war, dass es sich um Isabell Stange handelte, kam auf sie zugeeilt.

„Sandra Roth?"

Jasmin nickte zögerlich.

Ihr Gegenüber ergriff ihre Hand.

„Hallo, ich bin Isabell, die Frau von Mirko. Alle nennen mich Bella."

„Hallo, Bella", sagte Jasmin schüchtern.

„Dann komm doch rein."

Jasmin ergriff ihre Umhängetasche und folgte Isabell über den Hof in das Wohngebäude. Schon im Flur hörte sie Stimmen und stockte auf der Treppe.

„Wie... wie läuft das so ab?", fragte sie leise.

Isabell wandte sich um und legte ihr eine Hand auf den Unterarm.

„Ganz zwanglos, du musst keine Angst haben. Wenn du nichts sagen möchtest und erst einmal zuhören willst, auch gut."

Sie wartete noch eine Weile, bis Jasmin zögerlich nickte, dann nahm sie ihre Hand weg und griff zur Türklinke.

„Okay?", fragte sie noch einmal zurück und Jasmin atmete tief durch.

„Okay", sagte sie und war überzeugt, gut in ihre Rolle der etwas schüchternen Sandra Roth gefunden zu haben. Als Isabell Stange die Tür zu dem niedrigen Wohnraum öffnete, zählte Jasmin auf den ersten Blick neun Personen, die zwanglos um einen Tisch standen und sich mit verschiedenen Getränken bedienten. Um einen größeren Tisch, am anderen Ende der Stube, waren Stühle aufgereiht.

„Hallo", rief Isabell und alle wandten sich zu ihr um.

„Das ist Sandra, Sandra Roth. Sie ist gerade angekommen, aus Halle, stimmt`s?"

Diese nickte zögerlich und gab sich Mühe, den Eindruck zu erwecken, dass ihr die plötzliche Aufmerksamkeit peinlich war. Ein Hüne von Mann bewegte sich auf sie zu.

„Hallo, Sandra, ich bin Mirko. Komm, nimm dir was zu trinken."

In diesem Moment öffnete sich wieder die Tür und eine Frau Ende fünfzig in sportlicher Kleidung trat ein.

Jasmin erkannte sie von dem Bild, das Kate ihr gezeigt hatte. Doktor Angelika Gemeinhardt.

Mist, dass die Psychologin bei dem Treffen dabei war, brachte Jasmin in Schwierigkeiten.

Bestand die Gefahr, dass diese ihre Täuschung erkennen könnte? Sie musste ausgesprochen vorsichtig sein. Mirko Stange begrüßte die Psychologin, die ihn umarmte und deutete dann auf Jasmin.

„Das ist Sandra."

Diese musterte Jasmin mit ihren hellblauen Augen, lächelte und reichte ihr die Hand.

„Willkommen bei uns, Sandra", sagte die Psychologin mit ihrer warmen Stimme, die Jasmin als sehr angenehm empfand. Dann deutete sie an den Tisch, wo die Stühle standen, aber noch niemand saß.

Jasmin nahm langsam Platz und rüstete sich für ein Verhör.

„Sandra, sie müssen nichts sagen, wenn sie das nicht möchten, einfach nur zuhören. Soll ich sie vorstellen oder wollen sie es selbst tun?"

Jasmin hob den Kopf. Damit hatte sie jetzt nicht

gerechnet.

„Ich würde es gern selbst tun", sagte sie leise.

Frau Doktor Gemeinhardt nickte.

„Aber natürlich."

Dann musterte sie ihr Gegenüber und Jasmin entschloss sich eine mögliche Irritation anzusprechen.

„Ich leide an einem systemischen Lupus erythematodes. Darum trage ich eine getönte Brille und…"

Sie stockte, als sei es ihr peinlich und atmete dann tief durch, um zu ergänzen: „Und eine Perücke. Meine Haare sind massiv ausgefallen und jetzt, durch die Perücke, traue ich mich wieder unter Menschen."

Die Psychologin nickte. Also hatte sie es sofort gesehen.

Glücklicherweise hatte Omar für Jasmin, wenn auch nach einigem Zögern und unter teils heftigen Vorhaltungen für diesen verrückten Plan, wie er ihn nannte, ein Krankheitsbild herausgesucht, was das Tragen einer getönten Brille, auch in Innenräumen, sowie eine Perücke erklärte.

„Bist du in Behandlung?", fragte jetzt die Psychologin und lächelte sie an. „Entschuldige, aber wir duzen uns alle im Verein, aber wenn…"

Jasmin hob die Hand.

„Nein, nein, das ist schon in Ordnung. Ja, ich habe einen guten Hausarzt und auch einen Rheumatologen in Halle, Herrn Doktor Gerstner."

Natürlich existierte dieser Facharzt tatsächlich und war ein guter Bekannter von Omar und somit keine Fiktion.

Die Psychologin nickte.

„Dann bist du ja physisch gut betreut, aber was die Psyche angeht… Möchtest du einen Termin bei mir oder soll ich dir behilflich sein bei einem Kollegen in deiner Nähe einen Termin zu bekommen?"

Jasmin räusperte sich.

„Jetzt nicht, vielleicht etwas später. Ich meine, es war schon ein großer Schritt für mich, hier her zu kommen." Sie brach ab.

Oh Gott, hoffentlich trug sie nicht zu dick auf. Aber Frau Doktor Gemeinhardt nickte verständnisvoll.

„Aber natürlich", sagte sie und hob den Kopf.

Die anderen warteten in respektvollem Abstand, da sie die Unterhaltung nicht stören wollten.

„Kommt her und setzt euch ruhig. Wir haben nur ein bisschen geplaudert, sozusagen zum warm werden." Geräuschvoll nahmen alle Platz und die Psychologin setzte sich zwischen sie, um damit auch auszudrücken, dass sie pares inter pares war. Hier war sie nur Mitglied des Vereins, wie jeder andere auch.

So war es auch Mirko Stange, der die vermeintliche Sandra Roth offiziell begrüßte und sie bat, etwas über sich zu erzählen, so sie dies mochte.

Jasmin erzählte mit leiser Stimme und mit wenig Blickkontakt kurz die Biografie von Sandra Roth. Dann lehnte sie sich zurück, um durch ihre Körpersprache anzudeuten, dass sie jetzt lieber zuhören wollte, was allgemein respektiert wurde.

Es wurde erzählt, erst ziemlich locker, aber dann sprach Mirko den Tod von Kevin Gluck an.

Damit war die Stimmung gedrückt.

Jasmin spürte auch, wie stark Mirko davon betroffen war, obwohl er in einem fort von dem Teller, den Isabell mit kleinen Schnittchen belegt hatte, scheinbar wahllos welche in seine riesige Hand nahm und ohne diese anzuschauen, hastig in sich hineinschlang.

Es war schließlich Frau Doktor Gemeinhardt, die sich erhob und langsam den Teller zurück in die Mitte des Tisches schob. Mirko sah sie an.

„Entschuldigt", sagte er leise und ließ seinen Blick über die Gesichter der anderen gleiten.

Die meisten nickten verständnisvoll.

Jasmin zuckte leicht die Schultern. „Aber esse doch, wenn du Hunger hast", sagte sie.

Die Psychologin berührte leicht ihren Arm.

Erschrocken sah Jasmin Mirko an. „Entschuldige, ich…ich…", stammelte sie und schwieg.

Er schenkte ihr ein kleines Lächeln.

„Ich esse immer viel zu viel, weil ich Angst habe, ich bekomme nichts mehr und in einer Stresssituation wird es noch schlimmer."

Er sah zu der Psychologin hin.

„Angelika meint, das kommt daher, dass ich so lange gehungert habe, als meine Mutter mich…na du weißt schon."

Er brach ab und Jasmin nickte.

Sie war ehrlich betroffen. Zwar wusste sie von Kate, was mit Mirko Stange passiert war, aber es jetzt selbst von ihm zu hören und zu sehen, was das aus ihm gemacht hatte, war noch einmal eine ganz andere Geschichte.

Ein Mann aus Chemnitz, der sich als Carlo vorgestellt hatte, beugte sich zu Mirko.

„Wie geht es dir jetzt, nach dem Suizid von Kevin? Du warst ja am meisten mit ihm zusammen, ich meine, auch außerhalb des Vereins. Hast du seine Wohnung schon aufgelöst?"

Dieser seufzte auf und sein Blick glitt wieder zu dem Teller mit den Broten. Jetzt war es seine Frau, Isabell, die ihre Hand auf die seine legte. Er lächelte sie an und schüttelte dann leicht den Kopf.

Schließlich wandte er seinen Blick zu Carlo.

„Ich habe es einfach noch nicht fertiggebracht. Es ist zwar nicht viel, aber…"

Isabell hob leicht die Hand.

„Es drängt auch nicht. Es ist eine Eigentumswohnung und die Umlagen gehen noch immer von seinem Konto. Es wird ja nach seinem Vater gesucht, die Erbschaftsangelegenheiten sind damit noch nicht geklärt."

Während die anderen jetzt über den Verlust von Kevin sprachen, hatte sich in Jasmins Kopf nur festgesetzt, dass, wenn sich Mirko um Kevin Glucks Wohnung kümmerte, dieser auch einen Schlüssel besitzen musste.

Schließlich besann sie sich wieder auf ihre eigentliche Aufgabe, nämlich im Verein nach einem potenziellen Täter für die Rolle als Clown und Entführer von Sylvia Weck und Dagmar Greiner sowie dem Tod von Sabine Gluck Ausschau zu halten.

„Das seine Mutter sich jetzt genau dort umgebracht hat, wo Kevin starb, ist makaber", sagte eine Frau, die sich als Martina vorgestellt hatte und aus der Nähe von Dresden kam.

„Hoffentlich hat sie gelitten", stieß Isabell hervor.

„Bella", mahnte Angelika Gemeinhardt und sah sie an.

Diese senkte kurz die Augen. Aber Jasmin hatte einen Hass darin gesehen, der für sich sprach.

Vielleicht war Kate gar nicht so falsch mit ihrem Verdacht. Irgendwie schienen die anderen Anwesenden nicht so recht in die Rolle des Rächers zu passen.

Jasmin erhob sich und murmelte leise, dass sie einmal zur Toilette müsse.

Sie ging den Flur hinunter, wo an einer Tür ein großes Schild mit dem Hinweis *Gäste-WC* hing. Sie trat ein, setzte sich auf den geschlossenen WC Deckel und nahm ihr Smartphone heraus. Schnell tippte sie Kate eine Nachricht.

Es läuft ganz gut, leider ist diese Psychologin dabei. Ich muss also aufpassen, dass meine Tarnung nicht auffliegt. Bisher weiß ich nur, dass Mirko die Schlüssel zu Kevins Wohnung hat. Soll ich mich mal umsehen, ob ich sie an mich bringen könnte? Im Übrigen denke ich, dein Verdacht ist ganz richtig. Isabell Stange ist so voller Wut, dass auch ich ihr die Taten zutrauen würde. Davon abgesehen ist sie die Einzige hier, auf die in etwa die Beschreibung zutreffen würde.

Sie schickte die Nachricht ab und umgehend kam die Antwort.

Danke für die Info, sei bitte vorsichtig! Das mit dem Schlüssel wäre gut, aber nur, wenn du dich nicht in Gefahr begibst.

Jasmin hörte vor der Tür Schritte. Schnell steckte sie das Smartphone ein, drückte die Spülung und wusch sich die Hände.

Als sie die Tür öffnete, stand Angelika Gemeinhardt im Flur. Sie lächelte Jasmin an.

„Ich habe mir schon Sorgen um dich gemacht. War ein bisschen viel, oder?"

Jasmin lächelte zurück. „Naja, dass ich so einen Patzer wegen Mirko…" Sie zuckte die Schultern.

Die Psychologin schüttelte langsam den Kopf.

„Das konntest du ja nicht wissen. Aber gerade jetzt, durch den Suizid von Kevin, ist bei ihm wieder viel hochgekommen. Darum war es auch so wichtig, dass wir heute alle hierhergekommen sind."

Jasmin spielte mit dem Träger ihrer Umhängetasche und sah auf eine Kinderzeichnung, die im Flur hing, sicher von Mirkos und Isabells Kindern gemalt.

„Das sich Kevins Mutter auch umgebracht hat und das am gleichen Ort, phu, das war ganz schön starker Tabak."

Die Psychologin legte ihre Hand auf Jasmins Schulter und diese hatte Mühe, nicht zurückzuzucken.

„Manche holt irgendwann ihre Schuld ein. Wahrscheinlich konnte sie nicht mehr damit leben, mit dem Gedanken, das ihrem Kind angetan zu haben."

„Nach fast dreißig Jahren?", entfuhr es Jasmin und sie hätte sich ohrfeigen können.

123

Ihr Gegenüber hob die Schultern.

„Niemand kann genau sagen, was in einem Mensch vorgeht. Kommst du wieder mit rein?"

Jasmin dachte fieberhaft nach, wie sie das ablehnen könnte, ohne allzu auffällig zu wirken.

„Oder brauchst du noch einen Augenblick?"

Sie war unendlich dankbar für diesen Satz, versuchte aber, es sich nicht anmerken zu lassen.

„Ich gehe noch mal kurz an die Luft, dann komme ich wieder rein."

Die Psychologin nickte und ging zurück zu den anderen. Als sie die Tür hinter sich geschlossen hatte, lief Jasmin den Flur nach vorn in Richtung Ausgangstür. Die meisten Menschen bewahrten dort irgendwo ihre Schlüssel auf, sei es an einem Schlüsselbrett, in einem Schlüsselkasten oder in irgendeiner Schublade in einem Schränkchen.

Sie hatte Glück. Die Stanges waren hier scheinbar sehr traditionell. Direkt hinter der Tür hing an der Wand ein gigantischer Holzschlüssel, bunt bemalt, wie es einmal in den 70-ziger Jahren modern gewesen war, mit vielen kleinen Häkchen, an denen unzählige Schlüssel und kleinere Schlüsselbunde hingen.

„Na toll", murmelte sie und wollte schon aufgeben, als sie sah, dass einige Schlüssel mit kleinen Plastikschildchen versehen waren. Diese waren allerdings teilweise kaum entzifferbar.

„Wie kann man nur so eine Sauklaue haben", murmelte Jasmin, als sie etwas zu entziffern suchte, dass

Stall aber auch *Schuppen* oder sonst was heißen konnte. Endlich machte ihr Herz einen kleinen Satz. *Kevin*, das war ganz klar auf dem Anhänger zu lesen. Schnell nahm sie den Schlüssel vom Haken, montierte das Schild ab und machte es wahllos an einen der -zig unbeschrifteten Schlüssel, der einigermaßen ähnlich aussah. Dann ließ sie den Schlüssel in ihrer Tasche verschwinden, keine Minute zu früh, als plötzlich Isabell auftauchte, den leeren Teller, auf dem sich die Schnitten befunden hatten, in der Hand. Sie runzelte leicht die Stirn, sagte aber nichts.

Jasmin lächelte ihr eingeübtes, schüchternes Lächeln. „Ich war einmal an der frischen Luft. Es sieht nach Regen aus."

Isabell Stange lehnte sich an die Wand und musterte Jasmin.

„Ja, den Regen hätten wir bitter nötig", sagte sie ziemlich tonlos.

Jasmin war unwohl dabei. Ahnte ihr Gegenüber irgendetwas? Sie stieß einen Seufzer aus, von dem sie hoffte, dass er nicht zu theatralisch klang.

„Das mit Mirko vorhin…es tut mir leid. Ich wusste nicht…" Sie brach ab und schluckte hörbar.

Isabell Stange lächelte schwach. „Das konntest du ja nicht wissen, ist schon gut."

Schweigend standen sie sich noch etwas gegenüber, bis Jasmin sich in Richtung des Wohnraumes drehte. „Ich gehe dann wieder rein."

Als sie fast an der Tür war, fragte Isabell: „Sag mal, Sandra, kannst du dich eigentlich noch an Mirko erinnern, oder an irgendjemand anderen aus dem Kinderheim?"

Jasmin stoppte und drehte sich um.

„Nein, ich war doch erst drei Jahre alt. Mein Bruder, der hätte sich vielleicht erinnern können, aber er hat nie davon gesprochen, bis zu seinem Tod nicht."

Dann öffnete sie die Tür. Die anderen saßen noch immer zusammen und redeten, jetzt zu einem recht unverfänglichen Thema. Angelika Gemeinhardt nickte ihr zu und auch Mirko schenkte ihr ein Lächeln.

Sie setzte sich und nahm einen kräftigen Schluck von dem Mineralwasser.

„Bleibst du heute Nacht hier?", fragte plötzlich Martina, die ihr gegenübersaß.

Als sie nicht gleich antwortete, ergänzte diese: „Also ich fahre heute Abend nicht noch nach Dresden. Mirko und Isabell vermieten kleine Zimmer. Also wenn du willst?"

Jasmin schüttelte langsam den Kopf. „Nein, ich bin gar nicht darauf eingerichtet und schlafe auch lieber in meinem eigenen Bett. Ich breche dann auch bald auf."

Das letztere sagte sie so laut, dass es auch die anderen hören konnten.

„Naja, du hast ja noch eine ganz schöne Fahrt vor dir, bis Halle."

Jasmin hatte nicht bemerkt, dass Isabell wieder eingetreten war. Lächelnd nickte sie.

Dann fiel ihr auf, dass diese ihr ihre Gastfreundschaft für eine Nacht gar nicht erst angeboten hatte.

126

Kapitel 12

„Nein", hatte Kate zu Jasmin gesagt. „Ich mache es allein. Da ziehe ich dich definitiv nicht mit rein, es reicht schon, dass du den Schlüssel organisiert hast." Diese hatte erst protestiert, aber schließlich eingelenkt. Sie wusste, dass es bei solchen Dingen einfach keinen Zweck hatte, mit Kate zu streiten.

„Aber ich warte im Auto auf dich."

Das wiederum war Jasmins letztes Angebot und mit einem Nicken hatte Kate eingewilligt.

Jetzt stand Jasmin am unteren Ende der Straße in einer kleinen Parktasche. Hier war es einfach am unauffälligsten. Vorausgesetzt, jemand hatte nicht um diese Zeit, es war gegen 2.00 Uhr, das Bedürfnis in dieser gottverlassenen Gegend aus dem Fenster zu schauen oder mit einem Hund Gassi zu gehen. Aber das war nahezu ausgeschlossen, denn das Wetter lud keineswegs zu irgendeiner außerhäuslichen Aktivität ein.

Die Wohnung von Kevin Gluck lag in der zweiten Etage des Altbauhauses. Die Hoftür verfügte, dass hatte Kate bereits gestern gecheckt, über ein ganz einfaches Schloss, dass sie ohne weiteres knacken konnte. Zur Wohnung hatte sie ja, dank Jasmin, einen Schlüssel.

Und während diese es sich im Auto bequem machte, schloss Kate die Wohnungstür auf und schaltete ihre kleine Stabtaschenlampe an.

Die Wohnung war klein und übersichtlich, mit einem

stark minimalistisch eingerichteten Wohnzimmer, einer funktionalen Küche und einem Schlafzimmer, das Kate spontan an eine Gefängniszelle erinnerte. Nirgends ein Bild, irgendein Dekoartikel, keine Grünpflanze, nichts.

Er hatte die Wohnung vor drei Monaten verlassen und in dem gleichen Zustand befand sie sich noch.

Fast konnte Kate diese schwer traumatisierte Seele spüren, das verlassene Kind, das dieses Trauma nie überwunden hatte, auch als Mann nicht.

Er hatte sich diese Eigentumswohnung gekauft und zu einem äußeren Gefängnis der Einsamkeit umfunktioniert.

Sie hörte ein leises Knacken und fuhr herum.

Nichts.

Scheinbar arbeiteten die Holzdielen, immerhin war es ein altes Haus. Als sie sich noch einmal in dem Schlafzimmer umblickte, erkannte sie in der Ecke etwas, was ihr kurz den Atem stocken ließ.

Sie trat näher heran. Es war eine Clownspuppe.

Genauso eine, wie sie jeweils bei den drei Frauen gefunden worden war.

Aber im Gegensatz zu diesen war diese hier gebraucht, die Mütze schmutzig, die Bemalung im Gesicht teilweise verwischt. Aber sonst waren sie gleich.

Kate trat näher, um sie in die Hand zu nehmen, als sie unerwartet ein heftiger Schlag am Kopf traf.

Ohne die geringste Chance zur Gegenwehr zu haben, knallte sie zu Boden und verlor das Bewusstsein.

Als Mike die Stufen zum gegenüberliegenden Haus hinaufstieg, empfing ihn Jasmin schweigend an der Eingangstür. Sie trat zur Seite und er ging direkt durch ins Wohnzimmer, wo er bei dem Anblick, der sich ihm bot, auf der Schwelle stockte.

In der Mitte des großen Raums stand ein Stuhl.

Auf diesem saß, verkehrt herum, Kate und hielt die Lehne umklammert.

Über sie gebeugt stand, im gestreiften Pyjama, Professor Omar Amri und versenkte eine Nadel in ihre Kopfhaut, während stetig etwas Blut auf den glänzenden Parkettboden tropfte.

Schließlich trat er zurück. „Fertig", sagte er, scheinbar zufrieden mit dem Ergebnis.

Jetzt erst schien er Mike zu bemerken und auch Kate hob langsam den Kopf.

„Oh Gott", murmelte diese nur, aber Omar legte ihr die Hand auf die Schulter. „Warte, der Verband muss noch drauf."

Er ging zu einem kleinen Tisch und holte die benötigten Materialien.

Inzwischen sah Kate Mike in die Augen. „Bitte erspare mir jetzt eine Standpauke, ja?"

Schweigend kam dieser näher, darauf bedacht nicht in die Blutlache zu treten und musterte die Naht auf Kates Kopf.

„Fünf Stiche", erläuterte Omar und legte den Verband an. „Sie wollte um keinen Preis in die Klinik. Naja, das bisschen nähen kann ich auch, aber ich hätte sie schon gern…"

129

„Ich habe keine Gehirnerschütterung", unterbrach
Kate ihn schroff und richtete sich auf. Im gleichen
Moment wurde sie von einem Schwindel erfasst.
Mike und Omar griffen synchron zu und bugsierten
sie auf eine Couch.
Jasmin eilte mit einem Glas Wasser herbei und Kate
trank einen Schluck.
„Ein Kaffee wäre mir lieber", sagte sie.
„Negativ", antwortete Omar und lächelte etwas.
„Wasser muss für heute genügen."
Mike setzte sich in einigem Abstand in einen Sessel
und schlug die Beine übereinander. Dann sah er von
Kate zu Jasmin, an deren sportlicher Kleidung er un-
schwer erkannte, dass auch sie an diesem Abenteuer,
welcher Art auch immer, beteiligt gewesen war.
„Bekomme ich jetzt etwas Kontext?"
Auch Kate sah zu Jasmin hinüber, die sich neben
Omar auf eine der Couch gesetzt hatte.
„Warum hast du ihn bloß angerufen?", murmelte sie
leicht vorwurfsvoll.
„Weil du einen sehr harten Gegenstand über den
Kopf bekommen hast", sagte Omar, noch bevor Jas-
min antworten konnte. Langsam diesmal richtete sich
Kate auf und stellte die Füße auf den Boden.
„Jemand hat mich von hinten niedergeschlagen",
sagte sie, Mikes Blick meidend.
„Und wo und bei was?", fragte dieser nach.
Kate seufzte. „Also gut. Jasmin und ich sind zu Kevin
Glucks Wohnung gefahren. Ich war überzeugt, dort
irgendeine Spur zu finden."

Sie hob die Hand, ehe Mike etwas sagen konnte.

„Ich bin nicht eingebrochen. Ich hatte einen Schlüssel, naja, Jasmin hat ihn besorgt, von Mirko Stange, aber das ist jetzt auch egal. Jedenfalls bin ich in die Wohnung und war erschrocken, wie karg sie eingerichtet ist. Es tut in der Seele weh zu sehen, wie Kevin lebte. Und dann sah ich diese Clownspuppe, die gleiche, die auch bei den Frauen gefunden wurde, aber gebraucht. Es war mit Sicherheit seine Puppe. Glaub mir Mike, sie ist der Schlüssel zu allem."

Dieser schüttelte den Kopf.

„Wie stellst du dir das vor? Ich gehe jetzt zum Staatsanwalt und sage ihm, dass meine Freundin unerlaubt mit einem gestohlenen Schlüssel die Wohnung eines Toten betreten und dort eine alte Clownspuppe gefunden hat und bitte ihm um einen Durchsuchungsbeschluss?"

Seine Stimme war von Wort zu Wort lauter geworden und Kate verzog schmerzhaft das Gesicht.

„Und was ist dann passiert?", fragte er, wieder etwas leiser.

„Ich habe aus dem Nichts einen Schlag auf den Kopf bekommen. Es muss jemand in der Wohnung gewesen sein. Jedenfalls lag ich eine Weile und als ich zu Bewusstsein kam, war ich allein und die Clownspuppe war weg."

Hier fügte Jasmin ein: „Ich habe im Auto gewartet, Kate wollte mich nicht mit hineinziehen."

Hier schnaubte Mike unüberhörbar, aber diese ließ sich nicht beirren.

131

„Es dauerte mir schließlich zu lange. Also bin ich ausgestiegen, die Straße hochgelaufen und da sah ich Kate an der Hausecke stehen. Sie blutete aus der Kopfplatzwunde. Ich habe sie ins Auto gepackt und zu uns gefahren. Sie wollte um keinen Preis in die Klinik."

„Das kann ich mir denken", murmelte Mike und warf Kate einen Blick zu, dem sie nicht auswich.

„Naja, ich konnte die Kopfplatzwunde schließlich auch hier nähen", versuchte Omar die Wogen zu glätten. Jasmin hatte sich inzwischen erhoben und begann, das Blut wegzuwischen. Schwankend stand Kate auf.

„Das kann doch ich machen", sagte sie, erhielt aber von Omar, der sich sehr geschmeidig und schnell für so einen großen und schweren Mann erhoben hatte, einen leichten Schubs, sodass sie wieder nach hinten auf die Couch kippte.

„Bleib sitzen", ermahnte er sie streng. Inzwischen hatte Mike nachgedacht und sah wieder zu Kate.

„Du bist dir sicher, dass diese Puppe dann verschwunden war?"

„Ja", sagte sie und vermied es, zusätzlich mit dem Kopf zu nicken. Langsam hatte sie das Gefühl, damit unter eine Dampfwalze geraten zu sein.

Omar beobachtete sie, erhob sich und verschwand im Flur.

„Hast du jemand gesehen?", fragte Mike jetzt Jasmin, die sich aufrichtete und den Wischeimer zur Seite schob.

„Das ist es ja, keine Menschenseele. Die Person muss nach hinten, über die anderen Höfe, gelaufen sein."

„Also jemand der sich dort auskennt", murmelte Mike.

„Da fällt mir nur Mirko Stange ein, er hatte immerhin den Schlüssel zu Kevins Wohnung, vielleicht ja auch noch einen Nachschlüssel", sagte Kate.

Omar war wieder hereingekommen und hatte die letzten Worte gehört. „Du hast doch gesagt, er hätte so ungefähr meine Größe?" Kate wandte den Kopf langsam in seine Richtung. „Ja, wieso?"

„Dann war er es definitiv nicht. Der Einschlagswinkel stimmt nicht. Glaube mir, damit kenne ich mich aus. Wer immer dir diesen Knüppel über den Kopf gezogen hat, war ein ganzes Stück kleiner als du."

Kate zog langsam die Stirn kraus, um sofort mit schmerzverzogener Miene innezuhalten.

„Dann kann es nur Isabell Stange gewesen sein, seine Frau. Ich hatte sie die ganze Zeit in Verdacht", sagte sie an Mike gewandt.

Omar war neben Mike getreten und drückte ihm eine Medikamentenschachtel in die Hand. „Bis zu maximal sechs Stück in zwölf Stunden. Beobachte sie die nächsten vierundzwanzig Stunden, aber das weißt du ja. Am besten Bettruhe, keinerlei Aktivitäten."

Als Kate protestierend den Mund öffnete, sagte Omar lapidar: „Am besten, du legst ihr Handschellen an und machst sie am Bett fest. Aber nur zum Schlafen."

Er lachte gemeinsam mit Mike auf, auch Jasmin grinste und Kate griff sich an den Kopf.

Am nächsten Tag ging es Kate, abgesehen von dumpfen Kopfschmerzen, relativ gut. Sie hatte so fest geschlafen, dass sie es nicht einmal gehört hatte, als Mike aufgestanden war und das Haus verließ.

Als sie sich langsam aus dem Bett quälte, sah sie, dass es bereits nach 9.00 Uhr war. Mein Gott, die Tabletten mussten ihr wirklich zugesetzt haben.

Der Schwindel war verschwunden und obwohl sie noch einen Medikamentenspiegel hatte, nahm sie vorsorglich eine weitere der Schmerztabletten, die Omar Mike gegeben hatte und die auf dem Nachttisch zusammen mit einem Glas Wasser lagen. Sie ging ungewöhnlich langsam und vorsichtig die Treppen hinunter in die Küche.

Joggen würde sie heute auf alle Fälle ausfallen lassen, auch jede andere Form der schnellen Bewegungen.

In der Küche angekommen, lächelte sie.

Auf dem Tisch stand ein vorbereitetes Frühstück, frische Brötchen inbegriffen und eine Thermoskanne mit Kaffee. Dazu ein Zettel. *Bitte schone dich wenigstens heute einmal!*

Sie setzte sich und goss sich einen Kaffee ein. Nach dem Frühstück und einer heißen Dusche war sie nach oben gegangen, um die neuen Räume für Mike zu inspizieren. Hier musste noch eine Menge gemacht werden. Mittags würde Frau Anselm kommen, um den letzten Schmutz zu beseitigen. Dann wollte Kate eigentlich mit dem Einrichten beginnen, aber definitiv nicht heute.

Sie ging in ihr kleines Arbeitszimmer und setzte sich

mit dem Rest des Kaffees an ihren PC, um zu recherchieren. Nach einer Stunde hatte sie Glück. Sie fand eine der ehemaligen Mitarbeiterinnen des Kinderheimes „Juri-Gagarin", die in der Zeit dort tätig gewesen war, als Mirko, Kevin und Kai dort untergebracht wurden. Karla Börner, eine ehemalige Kinderschwester und Erzieherin, seit zehn Jahren berentet und wohnhaft in der Darwinstraße. Kate griff zum Telefon, legte es aber wieder weg. Es war wohl das Beste, gleich persönlich dort vorbei zu fahren.

Gerade in der Mittagszeit waren die meisten älteren Herrschaften zu Hause.

Sie zog sich an und versuchte, wie sie feststellte, weitgehend vergeblich, ihre Haare über die Narbe zu kämmen.

An der Haustür traf sie noch auf Frau Anselm und als sie gerade in ihr Auto steigen wollte, kam Jasmin gefahren. Am liebsten wäre Kate schnell abgefahren, weil sie, zurecht, Jasmins Vorwürfe fürchtete.

Aber schließlich wartete sie und winkte ihr betont lässig zu.

„Du willst doch jetzt nicht etwa Auto fahren?", rief ihr Jasmin prompt bereits entgegen, während sie über die Straße auf Kate zueilte. Diese drehte die Augen leicht nach oben. „Ich will nicht nach Berlin fahren, sondern nur nach Reusa, in die Darwinstraße."

Sie erzählte ihr, was sie herausgefunden hatte.

„Soll ich dich fahren?", bot Jasmin an, aber Kate lehnte ab.

„Fahr du ins Büro, ich komme dann vorbei."

Das Haus, was Frau Börner bewohnte, war ein typisches Siedlungshaus der dreißiger Jahre, klein, aber mit allem ausgestattet. Nach hinten hinaus ein Garten, der in damaliger Zeit zur Selbstversorgung gedacht war. Kate stellte ihr Auto in die einzige freie Parklücke und läutete. Es dauerte eine Weile, dann erschien eine kleine, etwas korpulente Frau mit dunklem Haar und legerer Kleidung.

„Ja bitte?" Sie musterte Kate etwas misstrauisch. Diese reichte ihr eine Visitenkarte und stellte sich vor. „Private Ermittlungen?" Frau Börner zog die Stirn in Falten. Kate umriss kurz, warum sie hier war. Inzwischen war Frau Börner auf den Podest vor dem Haus getreten. Scheinbar hatte sie keine Absicht, diese Fremde mit dem seltsamen Anliegen ins Haus zu bitten. Erst als Kate die Namen der Kinder erwähnte und was mit deren leiblichen Müttern geschehen war, schien sie Frau Börner zu überzeugen. „Na dann kommen sie mal rein." Sie trat zur Seite und deutete in den Raum, hinter dem kleinen rechteckigen Flur. Sie bot Kate einen Platz auf einer freistehenden Couch an und setzte sich ihr gegenüber auf einen Sessel, allerdings relativ langsam.

„Ich muss in einer halben Stunde zur Physiotherapie. So ein Spaßvogel ist mir mit dem Fahrrad gegen das Bein gefahren. Es hat das Knie erwischt und jetzt bin ich etwas gehandicapt."

Sie zuckte die Schultern, als sei das nicht der Rede wert. „Jedenfalls holt mich der Fahrer dann ab."

Kate verstand. Sie hatte also nur die Zeit zur

Verfügung bis der Fahrer kam. Daher fragte sie Frau Börner ohne Umschweife, ob sie noch Namen und vielleicht sogar Bilder von damals hatte.

Diese schüttelte langsam den Kopf hin und her. „Da müsste ich in Ruhe suchen. Ich hatte noch ein kleines Album, bloß jetzt nicht auf die Schnelle. Wenn ich etwas finde, rufe ich sie an, versprochen." Dann überlegte sie noch eine Weile. „Namen, tja. Da war unsere Chefin, Margarete Kupfer, eine richtige alte Öse, wie sie im Buche stand, streng, aber gerecht, auch mit den Kindern. Die ist schon seit sechs oder sieben Jahren tot. Dann die Marie Berger oder Burger, wissen sie, Frau Schulz, wir haben uns ja eh immer nur mit Vornamen angesprochen, da weiß man das nie so genau. Also die ist auch schon in Rente, hat es übel erwischt, sie lebt bei ihrer Tochter in Rostock. Dann Kathrin, die ist zu der Zeit auch rüber in den Westen, ob die da überhaupt noch da war, als die Kinder kamen, keine Ahnung. Elke Berthold, die wohnt in Berlin und ist seit zwei Jahren Rentnerin. Wir haben erst neulich telefoniert, die hat es wahnsinnig mit dem Rücken, na kein Wunder, sie war ja immer so groß und dann das runterbeugen zu den Kindern."

Frau Börner lächelte, dann zog sie die Stirn in Falten. „Und dann war da noch die kleine Geli, sie war Auszubildende bei uns, als Kinderschwester und ist dann auch geblieben als sie ausgelernt hatte. Eine ganz Liebe. Aber wenn sie mich fragen, sie hat sich alles zu sehr zu Herzen genommen. Irgendwann ist sie dann

137

auch weg gegangen, aber fragen sie mich nicht wohin."

Kate sah von ihren Notizen auf. „Diese Geli, an ihren vollen Namen können sie sich wohl nicht erinnern?" Bedauernd schüttelte Frau Börner den Kopf. „Aber wie gesagt, ich schaue noch mal nach und ich kann auch noch einmal Elke anrufen, die hatte immer ein phänomenales Namensgedächtnis. Aber die ist erst in drei Tagen wieder da, kleine Busausfahrt nach Dänemark." Kate erhob sich. „Das wäre ganz nett, Frau Börner und würde uns weiterbringen."

Diese nickte und deutete auf die Visitenkarte, die sie auf den Tisch gelegt hatte.

„Ich rufe sie an, versprochen. Ich bin immer noch ganz sprachlos. Ich meine, wer macht denn so etwas, entführt diese Frauen?"

Dann zuckte sie die Schultern, als sie Kate in den Flur begleitete. „Auf der anderen Seite könnte man von ausgleichender Gerechtigkeit sprechen."

Sie hob die Hände, als sie Kates Blick sah. „Ich finde es auch kriminell, keine Frage, aber die Kinder damals, Frau Schulz, ich kann mich noch sehr genau erinnern, sie waren schwer traumatisiert, glauben sie mir." Kate gab ihr die Hand. „Da haben sie zweifelsohne recht, Frau Börner, trotzdem…"

Ihr Gegenüber nickte und öffnete die Tür nach draußen. „Ah, mein Fahrer kommt schon. Na, da muss ich mich jetzt aber sputen."

Sie nickte Kate noch einmal zu und verschwand wieder im Haus.

Kapitel 13

Kates Kopfplatzwunde schmerzte noch immer leicht, aber am ärgerlichsten empfand sie es, dass ihre Haare diese nicht komplett bedeckten. Sie nahm den kleinen Handspiegel aus ihrer Schreibtischschublade und ordnete ihre Haare heute wohl schon zum dritten Mal, obwohl sie sonst eine derartige Eitelkeit an sich nicht kannte.

Gerade wollte sie aufstehen, um sich draußen noch einen Kaffee zu holen und noch eine Weile mit Chris zu plaudern, als ihr einfiel, dass dieser ja heute etwas später kam. Dann klingelte ihr Telefon. Erstaunt sah sie auf die Nummer und nahm an.

„Frau Börner?", fragte sie und die alte Dame keuchte leise.

„Ja, Frau Schulz, hallo. Ich wollte ihnen nur sagen, dass ich noch etwas gefunden habe was sie sich anschauen sollten."

Kate stutzte kurz. „Was denn gefunden?"

„Aufzeichnungen, über das Kinderheim."

Kate richtete sich auf. „Das ist ja toll. Wann kann ich vorbeikommen?"

„Wenn ich ehrlich bin, wäre es mir gleich jetzt recht. Ich muss doch heute Nachmittag wieder zur Physiotherapie."

Kate warf einen Blick auf ihre Uhr.

„Gut, dann bin ich in einer Viertelstunde bei ihnen."

Sie sah sich kurz um. Jasmin war noch einkaufen, aber bis die wieder da war, war sie sicher selbst

139

wieder zurück. Sie musste lächeln. Auch wenn Jasmin rein geschäftliche Einkäufe und Bankgeschäfte erledigte, die Gefahr, dass sie in irgendeinem Café „versackte" bestand immer. Also nahm sie den Autoschlüssel und lief nach unten.

Daniel sperrte gerade den nahezu leeren Laden zu. „Na, schon Feierabend?", frotzelte er und Kate schüttelte den Kopf.

„Nein, Klientenbesuch. Tschüss."

Während sie Richtung Reusa fuhr, wollte sie erst Mike anrufen, ließ es dann aber bleiben.

Dieser Fall war derzeit ein richtiggehender Streitpunkt zwischen ihnen und wäre es nach ihm gegangen, würde sie noch zu Hause auf der Couch liegen, sich aber zumindest völlig aus dem Fall heraushalten. Vor dem gemütlichen, kleinen Einfamilienhaus selbst war kein Parkplatz, aber die Straße weiter hinten war eine Sackgasse und hier konnte sie ihr Auto bequem parken.

Sie lief zurück und klingelte. Der Summer ertönte und Kate drückte die Tür auf und trat in den Flur. Sie zögerte einen Augenblick. „Frau Börner?", rief sie, als es leise „Ja, im Wohnzimmer", rief und sie schloss die Tür hinter sich. Trotzdem blieb sie stehen. Warum hatte Frau Börner sie nicht selbst an der Tür empfangen? Machte ihr das Knie heute so zu schaffen?

Plötzlich hörte sie ein Geräusch und ehe sie herumfahren konnte, spürte sie einen kalten, länglichen Gegenstand zwischen ihren Schulterblättern.

Langsam hob sie beide Arme und streckte sie vom Körper weg.

„Ich habe keine Waffe", sagte sie mit fester Stimme.

„Gehen sie da rein", flüsterte eine Frau und stieß sie etwas nach vorn. Kate ging langsam in Richtung Wohnzimmer.

Dort saß, an Händen und Füßen gefesselt, Frau Börner auf der Couch. Zu ihrer Bequemlichkeit war ihr ein Kissen in den Rücken geschoben worden, aber sie saß aufrecht, wie erstarrt.

Als sie Kate sah, traten ihr Tränen in die Augen.

„Entschuldigen sie, Frau Schulz", flüsterte sie und Kate nickte ihr zu.

„Ist doch gut, Frau Börner", sagte sie beruhigend.

„Legen sie die Hände auf den Rücken, aber langsam", befahl die Stimme.

Kate kam dem widerstandslos nach.

Sie musste annehmen, dass der Gegenstand in ihrem Rücken eine scharfe Waffe war. Jetzt ein Risiko einzugehen wäre zu gefährlich gewesen.

Es reichte schon, wenn sie wie eine Anfängerin in diese Falle getappt war. Sie spürte etwas kaltes Metall an ihren Handgelenken, dann schnappten Handschellen zu. „Setzen sie sich neben Frau Börner."

Kate nickte, um ihr Einverständnis zu signalisieren und ging zur Couch.

Als sie sich umwandte, sah sie zum ersten Mal die Person, die die ganze Zeit hinter ihr gestanden hatte.

Sie riss die Augen auf und fragte: „Sie?", während sie langsam auf die Sitzfläche glitt.

Chris öffnete die Tür zum Office und rief: „Ich bin da."

Als ihm niemand antwortete, spähte er in Richtung Kates Büro. Die Tür stand offen, sie war nicht da. Achselzuckend hängte er seine Jacke auf und schaltete den PC an.

In diesem Moment kam Jasmin von draußen.

Noch in der Tür sagte sie laut: „Kate, ich habe mich verspätet, sorry, aber weißt du wen ich getroffen habe…"

„Sie ist nicht da", wurde sie von Chris unterbrochen.

Sie sah diesen erstaunt an. „Hatte sie einen Termin?" Er sah in den elektronischen Planer.

„Nein, also zumindest keinen dienstlichen."

Verwundert schüttelte Jasmin den Kopf.

„Also heute früh hat sie mir nichts gesagt, ich meine das sie noch einmal wegwollte. Naja, wer weiß."

Sie ging in Richtung ihres Büros, als sich die Eingangstür einen Spalt öffnete und Daniel den Kopf hereinsteckte.

„Hi, Chris. Sollte ein Paket für mich abgegeben werden, nimmst du es an?"

Dieser nickte. „Aber immer doch."

Jasmin sah zu ihm hin. „Sag mal, hast du Kate weggehen sehen?"

Der Besitzer der Kaffeerösterei schob die Tür etwas weiter auf und kam herein.

„Ja, vor einer Stunde ungefähr. Ich habe sie noch geneckt, ob sie denn schon Feierabend macht."

„Und?" Jasmin sah ihn an.

„Nein, sie sagte nur, sie habe einen Kliententermin."

Er sah von ihr zu Chris. „Stimmt etwas nicht?"

Jasmin winkte ab.

„Nein, schon gut. Habe ich wahrscheinlich ver-
schwitzt."

Kaum war die Tür geschlossen, trat Jasmin zu Chris
an den Schreibtisch.

„Und sie hat wirklich keinen Termin?"

Dieser sah noch einmal nach.

„Nein, erst in einer Stunde, aber hier im Büro."

Jasmin schüttelte den Kopf.

„Na dann wird sie ja bald zurück sein."

Mike nahm zwei Stufen auf einmal und riss die Tür förmlich auf. Jasmin, Chris und Steven liefen aufgeregt auf und ab und starrten ihn an, als er das Office betrat.

„Na endlich", sagte Jasmin und deutete auf den Besprechungsraum, wohin ihnen die anderen folgten.

„Hast du sie erreicht?", fragte sie jetzt und Mike schüttelte den Kopf.

„Ihr iPhone ist abgeschaltet."

Steven tippte wie wild auf seinem Laptop herum.

„Ihr Auto steht seit zwei Stunden am Ende der Semmelweisstraße."

Mike erinnerte sich, dass Steven in der Lage war, Kates Auto zu tracken. Er hatte es ihr damals eingebaut, vor der Fahrt nach Prag, im Fall dieses obskuren Forschungsunternehmens und dann irgendwann wohl vergessen. Als man sie dann vor über einem Jahr entführt hatte, konnten sie so wenigstens ihr Auto nahe Klein-Amerika orten. Daher hatte Kate beschlossen, Steven das Recht weiterhin einzuräumen sie, beziehungsweise ihr Auto, in Notfällen zu tracken. Ein solcher Notfall war wohl jetzt wieder eingetreten.

„Hat sie dort einen Klienten?", fragte Mike jetzt Chris, der den Kopf schüttelte.

„Nein, das war das Erste was ich gecheckt habe."

„Vielleicht hat sie dort ihr Auto nur abgestellt. Wartet mal", murmelte Steven und sagte dann: „Vor vier Tagen war sie schon einmal dort in der Nähe. In der Darwinstraße."

Jasmin fuhr auf. „Dort wohnt Frau Börner."

Mike sah sie verdutzt an. „Und wer bitte ist Frau Börner?"

„Karla Börner ist eine ehemalige Erzieherin aus dem Kinderheim Juri-Gagarin. Dort waren die drei Jungs, Kevin, Mirko und Kai untergebracht, nachdem ihre Mütter in den Westen abgehauen sind. Auch die Geschwister Sandra und Falk Roth, allerdings nur knapp eine Woche, ehe sie zur Großmutter kamen. Kate wollte…"

Mike knallte mit der Hand auf den Tisch.

„Das kommt von euren Alleingängen", fauchte er Jasmin an.

„Mit dir kann man ja nicht mehr vernünftig reden", blaffte diese zurück.

„Jetzt bringt euch bitte mal wieder ein", rief Steven sie zu Ordnung, während Chris sich gar nicht an dieser Diskussion beteiligte und schwieg.

Mike seufzte und sah zu Jasmin hin.

„Entschuldige", murmelte er und sie nickte.

Steven drehte den Bildschirm.

„Hier sind die Telefonnummern von Frau Börner, Festnetz und Handynummer."

Mike zog sein Smartphone heraus und rief nacheinander beide Nummern an.

„Festnetz geht niemand ran, Handy ist ausgeschaltet."

Er stand auf. „Da stimmt etwas nicht. Ihr ruft mich an, wenn sich Kate doch melden sollte."

Er sah alle drei Anwesenden an, die nickten.

„Gut." Er wählte wieder. „Marianne? Wir treffen uns an der Damaschke Straße. Alles weitere dort."

Beim Hinausgehen sah er sich noch einmal um.

„Ihr haltet bitte die Füße still, verstanden?"

„Ja", sagte Jasmin im Namen aller.

Mike nickte und schloss die Tür.

Anfangs hatte er wirklich noch geglaubt das Jasmin überreagiert hätte, als sie ihn anrief. Aber nachdem er festgestellt hatte, dass Kates iPhone tatsächlich ausgeschalten war, beschlich ihn ein seltsames Gefühl.

Während er zu seinem Auto lief, ärgerte er sich, dass die Spannungen der letzten Tage, die zwischen Kate und ihm wegen diesem Fall herrschten, jetzt vielleicht in einer Situation mündeten, die so nicht hätte eintreten müssen.

Marianne Jäger wartete bereits auf ihn an der Einmündung der Damaschke Straße. Mike brachte sie schnell auf den neusten Stand.

„Ich dachte, wenn du bei dieser Frau Börner klingelst ist das unauffälliger."

Marianne lächelte.

„Weil man der netten Dame mittleren Alters nicht sofort die Polizistin ansieht?", fragte sie und Mike schüttelte den Kopf. „Das hast du jetzt gesagt."

Sie zuckte die Schultern. „Hat halt seine Vorteile. Dann gib mir mal die Adresse."

Mike wartete in seinem Wagen.

Ungeduldig sah er auf die Uhr. Dann telefonierte er mit dem Präsidium und ließ sich alles über Karla Börner heraussuchen, was auf die Schnelle zu finden

146

war.

Dann rief er Steven an, der, was kaum verwunderlich war, bereits mehr über die alte Dame herausgefunden hatte als die Polizei. Aber auch das brachte keine Erhellung. Schließlich kam Marianne zurück.

Sie stieg in sein Auto und ließ sich auf den Beifahrersitz fallen. „Nichts. Keine Reaktion. Aber es geht doch nichts über eine neugierige Nachbarin. Die hat mir erzählt, dass Frau Börner heute zur Physiotherapie muss, wie jeden zweiten Tag und ihr Fahrer wäre wieder abgefahren, nachdem er mit ihr wahrscheinlich über die Gegensprechanlage gesprochen hatte."

„Vielleicht geht es ihr nicht gut?", vermutete Mike. Seine Kollegin schüttelte den Kopf.

„Vor zirka drei Stunden ist eine Frau gekommen, Mitte fünfzig, schlank. Sie ging rein, nachdem Frau Börner ihr aufgemacht hat. Sie schienen sich zu kennen, Frau Börner wirkte erfreut sie zu sehen. Eine Stunde später kam wieder eine Frau. Nach der Beschreibung war es Kate. Sie ging auch rein, allerdings wurde nur der Summer betätigt. Seitdem nichts."

Mike trommelte mit beiden Händen auf das Lenkrad.

„Da stimmt etwas nicht, Marianne, da stimmt etwas ganz und gar nicht."

Diese nickte. „Und da diese Frau Börner in dem Kinderheim beschäftigt war, besteht damit auch ein Zusammenhang."

Mike nahm entschlossen sein Smartphone.

„Tippen wir einfach aufgrund der Tatsachen auf eine Geiselnahme. Ich rufe das SEK."

Kilian Brehmer stieg in den Bereitschaftsbus, in dem Mike saß und jetzt den Leiter des SEK erwartungsvoll ansah. Der noch junge Mann, den Mike während einiger Einsätze erlebt hatte, gefiel ihm besonders durch seine besonnene und ruhige Art, die so gar nicht der landesüblichen Meinung von einem ohne Rücksicht auf Verluste losstürmenden SEK Beamten bediente.

Er setzte sich Mike gegenüber. „Also, wir haben einen Blick ins Innere werfen können und haben jetzt eine ungefähre Ahnung von der Situation und der Lage der Räume. Im Wohnzimmer sitzen auf einer freistehenden Couch zwei Frauen. Die ältere Dame dürfte Frau Börner sein, die jüngere Frau mit Sicherheit Frau Schulz. Beide sind nach erster Inaugenscheinnahme physisch unverletzt, allerdings an Händen und Füßen gefesselt. Hände auf dem Rücken. Die dritte Frau, ich sage jetzt die Geiselnehmerin, ist zirka Mitte bis Ende fünfzig. Sie ist bewaffnet."

Mike atmete geräuschvoll aus. Kilian Brehmer sah ihn kurz an, dann fuhr er fort. „Was wir sehen konnten ist eine Pistole. Höchstwahrscheinlich eine Makarow, alter Sowjet- Bestand aus DDR -Zeiten. Weitere Waffen konnten wir nicht ausmachen."

„Die Geiselnehmerin, haben sie ein Bild?"

Der Leiter des SEK nickte und ging zum PC.

Mike grübelte. Mitte Fünfzig, das konnte nicht, wie Kate vermutet, Isabell Stange sein.

„Hier", sagte Kilian Brehmer und Mike hielt die Luft an.

Kapitel 14

Kate blickte zu der Waffe, die locker, geradezu entspannt in der Hand der Frau lag, die ihnen auf einem Stuhl gegenübersaß.

„Geli, sag doch bitte endlich was das alles soll", sagte schließlich Frau Börner zum erneuten Mal.

Auch jetzt erhielt sie auf ihre Frage keine Antwort.

„Frau Doktor Gemeinhardt. Warum halten sie uns gefangen? Wir sind doch in diese ganze Geschichte nicht involviert. Im Gegenteil, Frau Börner hat sich auch um die Kinder gekümmert, oder nicht?"

Die Psychologin hob den Blick und sah Kate an.

Unterdessen spürte diese, wie sich Frau Börner neben ihr bewegte.

„Frau Doktor?", stammelte die alte Dame.

Kate wandte etwas den Blick zu Frau Börner.

„Das wussten sie nicht?"

Diese schüttelte den Kopf. „Nein. Geli war doch Kinderschwester bei uns."

Sie klang noch immer völlig ungläubig.

„Ja, und als Kinderschwester haben sie auch gelernt eine intramuskuläre Injektion zu setzen. Denn zur Ausbildung als Psychologin gehört das ja nicht dazu."

Kate wich dem eindringlichen Blick nicht aus.

Jetzt nickte ihr Gegenüber.

„Ich habe sehr gern mit Kindern gearbeitet, auch im Kinderheim. Viele kamen aus schwierigen Verhältnissen. Aber was ich dann bei diesen drei Jungs erlebt habe."

Die Psychologin schluckte.

„Kai war noch sehr klein, bei ihm bestand immer die Hoffnung, dass er sich an dieses furchtbare Trauma nicht erinnert und nur die Narben auf seinem Körper, aber nicht auf seiner Seele bleiben. Aber auch er hat darunter gelitten, nicht so heftig wie die anderen, aber doch. Und Mirko…"

Sie lächelte und wirkte irgendwie versonnen.

„Seine Familie und seine Tiere, sie geben ihm Halt. Sie haben ihn doch gesehen, Frau Schulz? Er isst immer noch große Mengen, kann gar nicht aufhören, wenn Isabell ihn nicht bremst. Er hat Angst wieder nichts zu essen zu bekommen."

Hier brach sie ab. Ihre Miene wurde wieder ernst, geradezu starr. Kate kannte das und es machte ihr zugegebenermaßen Angst. Täter, die zu allem entschlossen waren und oft nichts mehr zu verlieren hatten, schauten so.

„Und Kevin Gluck?", fragte Kate leise, immer in der Hoffnung, das Gespräch am Laufen zu halten.

Angelika Gemeinhardt sah sie an.

„Sie waren in seiner Wohnung. Haben sie nicht gesehen, wie er lebte? Sagt das nicht alles?"

Sie deutete auf Kates Kopf, wo die Narbe jetzt gut sichtbar war, da diese sich die Haare nicht richten konnte.

„Es tut mir leid, aber sie ließen mir keine Wahl."

Kate zuckte mit den Achseln, als sei das jetzt nebensächlich.

Die Psychologin atmete tief ein.

„Nachdem diese junge Frau, die sich als Sandra Roth ausgab, bei dem Treffen auftauchte und auch noch den Schlüssel von Kevins Wohnung mitgehen ließ, war mir klar, dass sie, Frau Schulz, nicht nur dahinterstecken, sondern auch in den nächsten Tagen in Kevins Wohnung auftauchen würden, oder sollte ich vielmehr sagen, nachts?"

Als Kate nichts sagte, fuhr sie fort: „Die junge Frau war doch eine Mitarbeiterin von ihnen, oder?"

Was half jetzt alles Leugnen? Kate nickte.

Frau Doktor Gemeinhardt lief im Zimmer auf und ab, die Waffe fest in der Hand haltend.

„Wissen sie, sie hat ihre Rolle schon recht gut gespielt, aber irgendwie wirkte sie von Anfang an nicht wie eine traumatisierte Frau. Auch Isabell Stange wurde misstrauisch, als sie sie in der Nähe des Schlüsselbretts angetroffen hat. Als sie weg war, haben wir dann gemerkt, dass sie den Schlüssel ausgetauscht hat. Glücklicherweise hatte Kevin auch mir einen gegeben, so konnte ich in die Wohnung."

„Haben sie mich deswegen niedergeschlagen?", fragte Kate.

Die Psychologin schüttelte den Kopf.

„Nein, ich wollte nicht, dass sie den Clown mitnehmen. Er war Kevin so wichtig."

Kate nickte verstehend, was bei der Psychologin ein leicht spöttisches Lächeln hervorrief. Nun, es machte hier sicher wenig Sinn mit psychologischen Tricks arbeiten zu wollen, das war Kate klar. Aber wie sollte

151

es weiter gehen? Die Zeit lief ihr weg.

Neben ihr wurde Frau Börner immer unruhiger, es war zu erwarten, dass sie diese Situation nicht mehr länger aushielt. Gut, dann besser ein direkter Angriff, zumindest verbal.

„Haben sie Sabine Gluck umgebracht?"

Neben ihr sog Frau Börner hörbar die Luft ein.

Angelika Gemeinhardt schüttelte langsam den Kopf.

„Das musste ich nicht. Diese Frau war nur noch ein Wrack, physisch und psychisch. Wissen sie, was sie mir erzählt hat? Sie würde gern in der Schweiz um Sterbehilfe ersuchen. Da war ich ihr behilflich."

Als sie Kates Blick sah, lächelte sie.

„Begleitender Suizid."

„Und das an der gleichen Stelle, wo sich drei Monate vorher ihr Sohn suizidiert hat?"

Die Psychologin zuckte kurz die Schultern.

„Ja und damit war meine Mission erledigt. Die Mütter zu strafen, die das ihren Kindern angetan haben."

Kate ließ sie keinen Augenblick aus den Augen.

„Das war Selbstjustiz, Frau Doktor Gemeinhardt, eine Straftat."

Die Psychologin lachte auf, ein kaltes, bitteres Lachen.

„Justiz, hören sie mir damit auf. Keine Behörde hätte diesen Frauen noch etwas getan, keine. Sie haben ein schönes, bequemes Leben im Westen geführt und ihre Kinder wie Müll, wie Unrat entsorgt. Diese Kinder haben gelitten, gefroren, gehungert. Aber noch schlimmer, sie haben ihr Vertrauen verloren, ihr

Urvertrauen."

So ungern es sich Kate auch eingestand, aber die Psychologin hatte recht. Trotzdem blieb das, was sie getan hatte, ein Straftatbestand und jetzt kam, nach der Körperverletzung an Kate, auch noch Geiselnahme dazu.

„Frau Doktor Gemeinhardt. Ich verstehe ihre Motive und das ist jetzt kein billiger Trick, um sie einzulullen. Ich meine es ernst."

Kate machte eine Pause und die Psychologin sah sie an. Schließlich nickte sie.

„Ja, ich denke, sie meinen es wirklich ernst."

Kate holte Luft und fuhr fort. „Trotzdem war das, was sie getan haben, strafbar. Auch wenn man dabei mildernde Umstände geltend machen kann. Aber was sie jetzt tun, geht zu weit. Lassen sie uns gehen, bevor es zu spät ist."

Angelika Gemeinhardt sah sie an und ihre Hände spielten noch immer mit der Pistole. Sie hob diese langsam an.

„Ich habe sie von einem russischen Offizier. Wir hatten ein Verhältnis, über Jahre. Aber dann musste er zurück nach Russland."

Versonnen lächelte sie.

„Er hat sie mir dagelassen und gesagt, ich könne sie vielleicht einmal gebrauchen. Ich hatte sie schon fast vergessen."

Sie hob die Pistole weiter an.

„Geli, hör doch auf. Das machst du nicht, du erschießt uns doch nicht", rief Frau Börner jetzt aus

153

und zappelte neben Kate hin und her, im vergeblichen Versuch auf die Beine zu kommen.

„Ach halten sie doch den Mund, Schwester Karla. Ich bin nicht mehr die kleine, dumme Geli, die für sie die Drecksarbeiten macht."

Frau Börner saß plötzlich wieder wie versteinert.

„Aber…", stammelte sie. „Aber das war doch gar nicht so."

„Das ist schon so lange her", versuchte Kate etwas deeskalierend einzugreifen.

In diesem Moment hörte sie etwas, von dem sie in einem Augenblick glaubte, es sei eine akustische Halluzination. Sie versuchte keine Regung zu zeigen, wappnete sich aber.

„Wie lange sollen wir noch so sitzen, Frau Doktor Gemeinhardt? Es wird wirklich langsam unbequem", sagte sie so ruhig wie möglich.

Die Psychologin sah sie schweigend an, die Pistole noch immer leicht nach oben gerichtet.

Kate verlagerte ihr Gewicht etwas nach vorn und stellte die Füße fest auf. Es sah so aus, als wolle sie ihre unbequeme Lage etwas verbessern.

„Bitte, Frau Doktor Gemeinhardt, nehmen sie die Pistole herunter. Sie machen Frau Börner Angst."

Angelika Gemeinhardt sah Kate jetzt intensiver an.

„Und ihnen, macht es keine Angst?"

Kate wich dem Blick nicht aus.

„Respekt. Ich habe vor Waffen Respekt und vor Menschen, die sie in der Hand haben und auf mich zielen."

„So, so", murmelte die Psychologin, ließ aber die Waffe etwas sinken, sodass der Lauf in Richtung Fußboden zeigte.

„Danke", sagte Kate mit fester Stimme und vielleicht etwas lauter, als es hätte sein sollen.

Noch ehe der erstaunte Blick ihres Gegenübers sie traf, erschütterte ein ohrenbetäubender Knall das Haus.

Kate stieß sich, so fest sie konnte, mit den Füßen ab und das Couch knallte nach hinten und kam auf der Lehne zu liegen.

Frau Börner schrie auf, verstummte aber sofort, als sie mit dem Kopf aufschlug.

Rufe wurden laut, die Tür wurde aufgerissen und innerhalb Sekunden brach das Chaos aus.

Kate versuchte so still zu liegen, wie es irgend möglich war. Neben sich hörte sie das leise Wimmern von Frau Börner.

Sie hörte nur laute Befehle.

„Waffe weg."

„Auf den Boden."

und dann die erlösenden Worte: „Raum gesichert." Man hörte deutlich, wie die Täterin aus dem Zimmer gebracht wurde. Es war kein einziger Schuss gefallen.

„Frau Schulz, Frau Börner, sind sie verletzt?"

In ihrem Gesichtsfeld erschien eine Gestalt in Kampfmontur und Sturmhaube.

„Nein, ich nicht. Bei Frau Börner weiß ich es nicht."

„Frau Börner? Sind sie verletzt?", fragte der Mann mit ruhiger Stimme nach.

„Ich glaube nicht", murmelte die alte Dame.

„Gut. Wir heben die Couch jetzt an."

Kate hörte, wie er ein Kommando gab und drei Beamte stellten die Couch wieder auf die Füße.

„Der Arzt kann jetzt rein", sagte der Mann, der sie zuerst angesprochen hatte und zog sich die Haube vom Kopf. Kate versuchte sich in einem Lächeln.

„Danke", sagte sie und ihr Gegenüber nickte.

„Gern geschehen, vor allen Dingen, wenn es gut ausgeht."

Dann runzelte er die Stirn und deutete auf Kates Kopf. „Sie bluten."

Diese zuckte leicht die Schultern.

„Die Naht ist wohl wieder aufgeplatzt."

Einer der Männer stellte sich neben ihn, er hatte einen

Bolzenschneider in der Hand.

„Wir schneiden erst mal die Ketten der Handschellen durch, dass sie die Hände wieder nach vorn bringen."

Kate nickte und beugte sich so weit nach vorn, dass der Mann bequem an ihre Hände kam, bei Frau Börner waren zwei andere Beamte behilflich.

Als der Arzt hereinkam, steuerte er gleich auf Kate zu, denn ihre Kopfverletzung schien ihm offensichtlich. Diese wehrte ab und deutete auf Frau Börner.

„Sie braucht dringender Hilfe", sagte sie leise, als Frau Börner sich ihr zuwandte.

„Na hören sie mal, junge Frau, so ein altes Schlachtross wie ich hält schon bissel was aus."

Verdutzt starrten alle Anwesenden sie an, bevor sie in Lachen ausbrachen. Der Arzt schüttelte grinsend den Kopf.

„Nun ja, dann soll das wohl heißen, dass meine Hilfe hier nicht benötigt wird?"

Der Leiter des SEK hob die Hand. „Die beiden sind ziemlich hart mit dem Kopf auf dem Fußboden aufgeschlagen", wandte er ein.

„Nein, die Lehne der Couch ist hoch und hat uns geschützt", widersprach Kate.

„Warum ist eigentlich die Couch umgefallen?", fragte einer der Beamten.

Es waren insgesamt, neben dem Arzt, nur noch drei Männer im Raum, die anderen waren mit Frau Doktor Gemeinhardt abgerückt.

„Das war ich…", sagte Kate.

In diesem Moment kam Mike hereingestürmt.

Er rannte auf Kate zu, stoppte und starrte auf ihren Kopf.

„Es ist nur die alte Narbe", beschwichtigte sie ihn und ließ sich von ihm umarmen.

Kapitel 15

„So", sagte Omar und trat einen Schritt zurück.

Auf Kates Kopf prangte ein neuer Verband. Sie waren von Frau Börners Wohnung direkt zu Omar und Jasmin gefahren, zumal sich Kate wieder geweigert hatte, sich in der Klinik untersuchen zu lassen.

„Dein Habichtruf klang zwar eher als werde der arme Kerl von einer Katze malträtiert, aber zumindest wusste ich, dass du in der Nähe bist und das SEK in Kürze stürmen würde", sagte Kate zu Mike, nachdem Jasmin Tee serviert hatte und sie gemeinsam um den kleinen Tisch saßen.

Dieser grinste. „Naja, so gut wie Ben habe ich es nicht hinbekommen."

Kate griff nach seiner Hand.

„Aber der Versuch zählt. Nein, im Ernst, das war eine gute Idee. Ich hatte das Gefühl, dass Frau Gemeinhardt zu allem entschlossen war und im Falle einer Stürmung um sich schießen könnte. Deshalb habe ich die Couch mit uns umgeworfen in der Hoffnung, vor den Kugeln einigermaßen sicher zu sein."

„Clever", sagte Jasmin anerkennend und sah Mike an. „Möchtest du ein Glas Wein?"

Dieser schaute verdutzt auf die Teetassen, als werde ihm erst jetzt bewusst, was sie hier aufgetischt hatte. Allgemein war bekannt, dass Mike Tee nicht außerordentlich mochte. Er schüttelte den Kopf. „Nein, ich muss dann noch ins Präsidium, wir sind ja noch nicht fertig, auch wenn Frau Gemeinhardt dir gegenüber

159

die Taten eingeräumt hat."

Er sah Kate an, die an ihrem Tee nippte.

Dann schwenkte sein Blick zu Jasmin. „Aber wenn du ein Glas trinken willst, lasse dich von mir nicht abhalten."

Als diese den Kopf schüttelte, starrten Kate und Mike sie an. Dann sagten sie fast gleichzeitig: „Du bist…?"

Sie lachte geradeheraus. „Kaum lehne ich Alkohol ab, denkt ihr…"

Omar grinste breit und nahm sie in seine Arme.

„Ja, ist sie. Wir wissen es auch erst seit gestern und wollten es eigentlich gleich den zukünftigen Paten sagen, aber dann kam diese Sache dazwischen."

Er machte eine Geste mit der Hand, als könne er damit diese ganze unschöne Episode wegwischen.

Kate war aufgesprungen und umarmte Jasmin fest, um dann in Omars bärenhafter Umarmung zu versinken. Mike erging es nicht besser.

„Das ruft jetzt geradezu nach Champagner, aber leider…", sagte Jasmin und wischte sich eine Träne aus dem Augenwinkel. Kate lächelte.

„Weinst du jetzt vor Rührung oder wegen des Entzugs?", sagte sie und konnte gerade noch einem kleinen Sofakissen ausweichen, das Jasmin nach ihr warf.

„Na dann, bevor es jetzt noch zu Handgreiflichkeiten kommt, bin ich mal weg", sagte Mike und beugte sich zu Kate. „Kommst du klar?", fragte er und küsste sie.

„Sie ist in besten Händen", sagte Omar und Kate nickte lächelnd.

Als Mike gegen 21.00 Uhr endlich in die Straße ein-
bog, fiel ihm auf, dass das Haus völlig im Dunkel lag.
Auch das Nachbarhaus, das von Frau König und
Herrn Winter bewohnt wurde- dunkel.
Dafür brannten gegenüber bei Amris alle Lichter ein-
schließlich der Laterne am Eingang, die Omar hatte
installieren lassen.
Mike lächelte, ob mit oder ohne Alkohol, bei Amris
schien beste Stimmung zu sein. Er hörte lautes La-
chen aus einem Fenster, das trotz der abendlichen
Kühle geöffnet war.
Er fuhr sein Auto in den Carport und stieg aus.
Frau Doktor Gemeinhardt hatte allumfassend gestan-
den. Sie gab zu, Sylvia Weck, Dagmar Greiner und
Sabine Gluck, als Clown verkleidet, betäubt und ent-
führt zu haben.
Sylvia Weck hatte sie, wie diese ihren Sohn Kai, in
den eigenen Exkrementen liegen lassen und mit Ba-
bykost und einigen Dosen Faustan sediert.
Dagmar Greiner hatte sie ebenso hungern lassen wie
diese ihren Sohn Mirko. Diese war inzwischen von
der Intensivstation auf eine normale Station verlegt
worden. Allerdings hatte sie ein psychisch schweres
Trauma.
Mit Sabine Gluck war Frau Doktor Gemeinhardt auf
den Friedhof gefahren und hatte sie in die ehemalige
Leichenhalle gebracht, wo sich deren Sohn Kevin er-
hängt hatte.
Frau Gluck, geschwächt durch ihre Krebserkrankung
und den nahen Tod vor Augen, hatte ihr keinen

Widerstand entgegengesetzt und wahrscheinlich war es der Psychologin gelungen sie so zu manipulieren, dass sie wirklich selbstständig den Suizid ausführte. Es war auch, so vermutete Mike, ohne einem psychiatrischen Gutachten vorgreifen zu wollen, der Tod Kevin Glucks gewesen, der bei Frau Doktor Gemeinhardt diesen Plan, Rache zu nehmen, in Bewegung gesetzt hatte.

Sie, die ehemalige Kinderschwester aus dem Kinderheim „Juri Gagarin", hatte besonders das Schicksal des kleinen Kevin bewegt, der nur noch seine Clownspuppe besaß, von der er sich nicht trennte und sich ganz schüchtern an die junge Schwester Geli anschloss. Bei ihr erhielt er, wohl zum ersten Mal in seinem jungen Leben, Zuwendung und Geborgenheit. Es war diese Begegnung mit ihm und mit den anderen Kindern gewesen, die in Angelika Gemeinhardt den Wunsch auslöste, Traumatherapeutin zu werden. Sie schloss nicht nur ihr Studium und ihre Promotion erfolgreich ab, sie war auch beruflich erfolgreich.

Allerdings war es ihr nie gelungen, eine professionelle Distanz zu diesen Erlebnissen und besonders zu den Schicksalen der ihr damals anvertrauten Kinder herzustellen. Darum kehrte sie wieder in ihre Heimatstadt zurück und war auch eine der Gründungsmitglieder des Vereins verlassene Kinder der DDR e.V.

Während des gesamten Verhörs war sie ruhig und ausgesprochen kooperativ gewesen, wie ein Mensch, der seine Mission erfolgreich beendet hatte.

Lediglich auf die Frage, wie sie die Geiselnahme von Frau Börner und Kate hatte beenden wollen, hatte sie keine Antwort geliefert. Sie versuchte nicht einmal, glaubhaft zu versichern, dass sie die beiden Frauen schlussendlich hätte gehen lassen.

Die Makarow war geladen gewesen und noch jetzt fröstelte es Mike im Gedanken daran, in welcher Gefahr Kate geschwebt hatte.

Er ging über die Straße und wurde am Aufgang von einer erneuten Lachsalve aus dem Inneren empfangen.

Unwillkürlich musste auch er lächeln und er war erleichtert. Kate hatte ein tolles Team und mit Sicherheit waren alle herangeeilt, nicht nur um Jasmins und Omars freudige Neuigkeit zu feiern, sondern auch um ihrer Chefin beizustehen und sie nicht allein zu lassen.

Er hatte kaum auf die Klingel gedrückt, da öffnete Herr Winter bereits die Tür.

„Ah, spät kam er, doch er kam…" deklamierte er und winkte ihn ins Innere.

Kate saß, eingerahmt von Steven und Abby auf einer Couch und hatte ein Glas Kräuterlimonade in der Hand, die wieder nach Omars Geheimrezept, wie er es nannte, hergestellt war.

Abby sprang auf und küsste Mike auf beide Wangen. Dann deutete sie auf den Platz, wo sie bisher gesessen hatte und setzte sich neben Steven.

Omar kam aus der Küche und trug ein riesiges

Tablett voller orientalischer Köstlichkeiten vor sich
her. Frau König schlug die Hände zusammen.

„Omar, aber wer soll das denn alles essen?"

Dieser stellte es ab und nickte ihr zu.

„Das wird alle, keine Angst."

Während Marcus und Holger, Kates Securitymitar-
beiter, bereits gezielt zugriffen, schauten Chris und
Mike noch zweifelnd auf die Platte.

„Na kommt, ihr zwei Spargeltarzans, greift mal or-
dentlich zu", forderte Omar sie auf und lachte sein
tiefes, gutmütiges Lachen.

„Heute geht hier keiner hungrig nach Hause", sagte
er, als es erneut klingelte.

„Ah", sagte Omar. „Das sind meine Eltern und mein
Bruder."

Mike verabschiedete sich in diesem Moment von
dem Gedanken, heute zeitig ins Bett zu kommen.

Er sah hinüber zu Kate, die gerade über etwas lachte,
was Steven zum Besten gab und atmete zufrieden
auf.

Kapitel 16

Als Kate mit Mike aus dem Auto stieg, sah sie, dass Claire Maulhardt schon aufgeregt am Tor der Kindertagesstätte *Sonnenland* auf und ab ging.

Neben ihr stand eine attraktive junge Frau, der auffallenden Ähnlichkeit nach ihre Mutter.

„Frau Schulz", rief Claire und winkte ihr zu.

Kate gab erst Claire, dann deren Mutter die Hand.

„Wir sind hier, um uns bei Claire zu bedanken."

Diese sah sie mit großen Augen an. „Und, hast du den Clown gefangen?"

Kate nickte. „Nicht ganz allein, auch die Polizei hat mitgeholfen. Aber noch einmal vielen Dank."

Claire musterte Mike, der jetzt auch herangekommen war.

„Bist du Frau Schulzes Freund, der Polizist?"

Dieser gab ihr auch die Hand, dann zog er ein Notizbuch aus der Tasche.

„Frau Schulz hat mir gesagt, du möchtest einmal zur Polizei?"

Claire sah ihn mit ernster Miene an und nickte, während sich ihre Mutter ein Lächeln verkniff. Mike öffnete sein Notizbuch und nahm den Stift.

„Du heißt Claire Maulhardt, stimmt das?"

Wieder nickte die Kleine.

„Gut, das habe ich jetzt aufgeschrieben und in ein paar Jahren, wenn du die Schule beendet hast, dann kannst du dich bei der Polizei bewerben und ich werde ein gutes Wort für dich einlegen."

„Na das ist doch Klasse", sagte ihre Mutter und legte ihre Hand auf die Schulter ihrer Tochter.

Diese sah Mike skeptisch an.

„Bist du dann nicht schon zu alt?"

Kate lachte laut auf, als sie Mikes zugegeben sprachlosen Gesichtsausdruck sah.

Dann wandte sie sich an Claire. „Darum hat er es sich doch aufgeschrieben, dass er es nicht vergisst, wenn er dann alt ist."

Sie zog einen Umschlag aus ihrer Tasche.

„Claire, wir wollten uns bei dir bedanken und dich einladen. Nächste Woche holen dich Hauptkommissar Köhler und ich hier im Kindergarten ab und dann darfst du dir das Polizeipräsidium anschauen und anschließend gehen wir zusammen Eis essen und in den Zirkus. Na, einverstanden?"

Sie warf Frau Maulhardt einen fragenden Blick zu, die lächelnd nickte. Claire sprang in die Höhe.

„Was? Wirklich? In den Zirkus? Mit Blaulicht?"

Mike seufzte. „Gut, mit Blaulicht, aber nur ins Polizeipräsidium. Wir wollen doch die Tiere nicht erschrecken."

Claire umarmte Kate so fest, dass diese Mühe hatte die Balance zu halten, dann war Mike dran.

Frau Maulhardt gab beiden die Hand.

„Danke, ich denke, damit machen sie Claire eine riesige Freude. So und jetzt komm, Schatz", sagte sie.

Claire sah noch einmal von Kate zu Mike und zog diesen schließlich am Ärmel.

Als er sich zu ihr hinunter beugte, flüsterte sie,

allerdings so laut, dass alle es hören konnten.

„Wann heiratest du Frau Schulz? Ich wäre gerne bei eurer Hochzeit dabei."

„Aber Claire, so etwas fragt man doch nicht", sagte Frau Maulhardt, die bei den Worten ihrer Tochter leicht errötet war und zog sie an der Hand vorwärts.

„Bis nächste Woche", rief Kate ihr nach, nur mühsam ein Lachen unterdrücken könnend.

Mike schüttelte den Kopf. Kate nahm seinen Arm und hängte sich ein.

„Na, was macht dich jetzt mehr fertig? Das Claire dich für einen alten Mann hält oder dass du mich heiraten sollst?", fragte sie und drückte seinen Arm fest an sich.

Er blieb stehen und löste sich von ihr. Unsicher sah sie ihn an, aber er räusperte sich und legte seine Hände auf ihre Schultern.

Dann sah er ihr in die Augen.

„Würdest du denn einen so alten Mann heiraten wollen?", fragte er und Kate hörte, dass seine Stimme belegt klang.

Sie atmete tief ein, dann wieder aus und lächelte ihn an.

„Wenn das ein Heiratsantrag war, dann ja", sagte sie und presste ihre Lippen fest auf die seinen.

Nachwort:

Die Idee für diese Geschichte kam mir während einer Reportage, die über verlassene und zurückgelassene Kinder Ende 1989 in der ehemaligen DDR berichtete und die mich tief erschütterte.

Inwieweit dies auch in Plauen geschah- ich weiß es nicht, bin mir aber sicher, dass es auch hier passierte. Natürlich ist die von mir geschilderte Geschichte, die Einrichtungen und die agierenden Personen rein fiktiv. Den Verein „*Verlassene Kinder der DDR e.V.*" gibt es auch nicht.

Real ist die Plauener Kaffeerösterei und ihr Besitzer Daniel, der so freundlich war, mir zu gestatten, Teile meiner Geschichten in seinen Räumen anzusiedeln. Vielen Dank an Travelpixels (Sven & Simone Hessel) http://www.travelpixels.de die mir das Coverfoto, das perfekt zu meinem Fall passte, als ich es entdeckte, so schnell und unbürokratisch zur Verfügung stellten.

Ebenso ein Danke an meine liebe Kollegin Gabi Riedel, die mir wie immer auch bei den obskursten medizinisch- notfalltechnischen Fragen beratend zur Seite stand. Eventuelle Fehler gehen ganz allein auf mein Konto!

Und ein besonderes **DANKE** an meine Leserinnen und Leser für eure Treue und euer Feedback. Damit macht mir das Schreiben gleich noch einmal so viel Freude!!!

Zur Autorin:

Annette G. Krupka wurde in Plauen geboren.
Sie besuchte hier die Schule, lernte Krankenschwester, studierte später Pflegemanagement, erwarb einen Masterabschluss und ist als freiberufliche Unternehmensberaterin tätig.
Heute lebt sie in einer Thüringer Kleinstadt und hat ein Fachbuch zum Thema Pflege veröffentlicht.

„Verlassen" ist der neunte Teil um die ehemalige FBI-Agentin Kate Schulz.
Bisher erschienen sind:
Lebensborn
Golem
Entführt
Methusalem
Filmriss
Virus
Engelsflug
Würgemale
Weitere Folgen sind geplant.

Nach England und Schottland entführt die Reihe um Jane MacKenzie und Detective Inspektor Peter Brown.
Bisher erschienen sind:
Der Hyde Park Mörder
Die Rache der Kali

Auch hier wird es weitere Folgen geben.

Liebe Leser, danke, dass Sie Kate Schulz bis zum
Ende des neunten Falles gefolgt sind.

Sind Sie neugierig, wie es weiter geht mit Kate
Schulz???
Bald ist es soweit:

Kate Schulz 10 – „Culpa" -

Während Kate Schulz und Mike Köhler mit ihren
Hochzeitsvorbereitungen beschäftigt sind, wird in ei-
ner historischen Gruft im Plauener Arboretum der
Leichnam eines alten Mannes gefunden.
Niemand scheint ihn zu vermissen.
Wer ist er und warum hat man ihn in dieser Gruft
richtiggehend entsorgt?
Dann entdeckt Doktor Omar Amri ein Detail am Kör-
per des alten Mannes, dass den Fall in einem ganz
anderen Licht dastehen lässt. Aber es gibt bereits ei-
nen neuen Toten.

Leseprobe- „**Culpa**"

„Elli, Elli!"

Barbara Böttger schüttelte den Kopf. Normalerweise hörte ihre Labradorhündin aufs Wort, aber heute schien sie ihrem Jagdtrieb einfach blind nachzugeben. Nachdem sie die Chamissostraße überquert hatten, ließ sie die Hündin, wie immer, von der Leine, denn Elli war froh, den Weg entlang des Arboretums frei laufen zu können. Aber heute war das Tor, was sonst um diese Zeit immer geschlossen war, einen Spalt geöffnet und die Hündin hatte sich durchgequetscht und war laut bellend den Weg hinunter gejagt. Seufzend lief Barbara ihr nach.

Sicher war ein Kaninchen in der Nähe, dessen Duft wohl auch die gehorsamste Hündin schier irre machen konnte.

„Elli, komm jetzt, Fuß", rief sie in die Dämmerung, in dessen Silhouette der Baumpark mit seinen alten Gräbern und Grüften fast gespenstisch wirkte.

Barbara Böttger war keine ängstliche Frau und in Begleitung ihrer Hündin hatte sie sich stets sicher gefühlt. Außerdem hielt sie nichts von Friedhofgruselgeschichten. Sie war nach wie vor der Meinung, dass Lebende deutlich mehr Unheil anrichten konnten als Verstorbene.

Sie sah Elli am Rand des Areals stehen, wie sie aufgeregt an einer Gruft hin und her lief und sich jetzt nach ihr umschaute. Dabei bellte sie nicht nur, sondern winselte abwechselnd.

171

Barbara erschrak. Hatte die Hündin sich etwa verletzt oder war von einem anderen Tier angegriffen worden? Trotz ihrer 74 Jahre rannte sie den Weg entlang und nahm schließlich die Abkürzung querfeldein über die ehemaligen Gräberfelder.

„Was ist denn, mein Mädchen?", fragte sie und sah aber sofort beim Näherkommen, dass ihre Befürchtungen sich nicht bestätigten.

Elli hatte keine Verletzungen, sie war nur scheinbar furchtbar aufgeregt und rannte immer wieder zu der Gruft hin. Kopfschüttelnd trat Barbara näher.

„Na das ist doch…", sagte sie.

Irgendjemand hatte den schweren Deckel der alten Gruft einen breiten Spalt zur Seite geschoben, man sah sehr deutlich die Spuren, die augenscheinlich frisch waren.

Sie vermutete, dass einige Jugendliche hier wohl einen Einbruch in eine Gruft, warum auch immer, geplant hatten. Durch ihre Hündin waren sie dann in ihrem Vorhaben gestört worden und hatten schnell Reißaus genommen.

Sie ging etwas näher heran und bemerkte, dass Elli sich noch nicht beruhigen wollte.

Diese lief immer noch aufgeregt zu dem Spalt und bellte hinein.

Entschlossen legte sie ihr die Leine um und zog ihr Smartphone aus der Tasche.

Es war besser, die Polizei zu verständigen. Nicht, dass irgendjemand noch in diesen Spalt hineinfiel und sich ernsthaft verletzte.

„Warum haben sie ihren Hund hier freilaufen las-
sen?"

Obermeisterin Kirsch sah Barbara Böttger streng an.

„Hier auf dem Gelände sind freilaufende Hunde
nicht gestattet."

Barbara sah ihrerseits die Polizistin kampflustig an.
Auch wenn sie einen Kopf kleiner und fast dreimal
so alt wie die junge Frau war, würde sie sich diese
haltlose Anschuldigung nicht gefallen lassen.

„Erstens habe ich meine Hündin draußen auf dem
Weg ohne Leine laufen lassen, weil um diese Zeit das
Tor des Arboretums immer geschlossen ist. Zweitens,
ist das der Dank dafür, dass ich mich darum sorge
das jemand in diese Gruft fallen könnte?"

Die Polizistin räusperte sich etwas und sah auf ihren
Kollegen, der inzwischen eine Taschenlampe aus
dem Auto geholt hatte.

Dieser hatte die Worte seiner jungen Kollegin gehört
und lächelte Barbara Böttger zu.

„Sie haben alles richtig gemacht. Wenn ein Hund ein-
mal Witterung aufnimmt, dann ist er schwer zu bän-
digen", sagte er beruhigend. Barbara wandte sich
dem Mann in mittleren Jahren zu.

Er war ihr deutlich sympathischer als seine schnip-
pige, junge Kollegin.

„Ja, ich dachte auch erst, sie hat ein Kaninchen gewit-
tert, aber dann ist sie nur um diese Gruft herumge-
rannt und war gar nicht mehr zu beruhigen."

Elli lag jetzt neben ihr auf dem Boden, behielt aber
besagtes Objekt, trotz der einbrechenden Dunkelheit,

fest im Blick.

„Vielleicht hat sie das Kaninchen genau dort hinein-
gejagt?"

Er nickte seiner Kollegin zu.

„Also, ich schaue da mal hinein und dann sichern wir
den Ort. Frau Böttger hat bestimmt recht, da waren
ein paar Jugendliche am Werk, die wohl einen Hor-
rorfilm zu viel gesehen haben und die Hündin hat sie
mit ihrer Jagdaktion aufgeschreckt. Die sind längst
über alle Berge."

Er ging an der dunklen Marmoreinfassung auf die
Knie und leuchtete in den Spalt.

„So, jetzt…" Plötzlich verstummte er.

„Scheiße", sagte er leise, aber durchaus verständlich.
Seine Kollegin trat näher. „Rainer, was ist denn?"
Dieser erhob sich und im Schein der Taschenlampe
sah er blass aus.

„Ruf den Kriminaldauerdienst," sagte er.